AF341517

Un militant du XXᵉ siècle : Jorge Semprun

La grandeur, la saveur même d'un personnage ne saurait se mesurer à l'intensité de l'histoire de son temps. On peut être Baudelaire au creux de l'histoire d'un siècle qui a cessé quelque temps d'être tragique avant de devenir frénétique.

La vie et l'œuvre de Jorge Semprun ne sauraient pour autant être dissociées de la fureur des illusions, des collisions qui ont fait de notre époque un incessant champ de bataille, de l'affrontement imbécile de 1914 au surgissement des totalitarismes rivaux, organisant les contraintes sociales, morales et politiques avec une férocité minutieuse.

Au combat sans limite ni frontière contre les dictatures, Jorge Semprun prit une part intense et valeureuse. Connaissant et admirant l'homme et l'écrivain, citoyen exemplaire du siècle tragique qui s'achevait, l'un de ces témoins que l'on croit parce qu'ils ont pris le risque de se faire égorger, je considérai comme un grand privilège d'être invité par Jean-Marie Borzeix, directeur de France-Culture, à être son interlocuteur pour une série d'entretiens.

La crédibilité de Semprun, ses lettres de créance historiques se fondent sur un enchaînement de combats héroïques, contradictoires mais complémentaires, contre l'asservissement de son Espagne natale par une junte militaire associée au nazisme, contre le Reich hitlérien en voie de coloniser l'Europe, mais aussi contre la IIIᵉ Internationale quand il constate qu'elle est avant tout un instrument de la diplomatie et de la stratégie soviétiques.

Ce fils de grands notables castillans dont le grand-père a été le Premier ministre du roi

Alphonse XIII avant de se rallier à la République de 1931 avait, dès son adolescence, choisi la révolution. Passant en France, puis aux Pays-Bas avec sa famille à la fin de l'été 1936 pour fuir le franquisme, et enfin à Paris en 1939, il s'inscrit au Parti communiste français à dix-huit ans, et entre dans la Résistance. C'est dans un maquis de Bourgogne que la Gestapo vient le débusquer, en 1944, et l'expédie à Buchenwald. Libéré en 1945, il regagne son pays, adhère au Parti communiste espagnol et entre dans le combat clandestin contre la dictature.

L'évocation de sa terrible expérience de déporté par Jorge Semprun est d'une saveur poignante, du fait de la sérénité de son propos. La description de la survie dans cet enfer, ce qu'elle peut exiger de ruses et de feinte coopération, est d'une nouveauté saisissante. Bien loin d'atténuer l'horreur que suscite évidemment un tel récit, cette retenue, parfois ironique, éclaire mieux peut-être que toute forme d'éloquence le caractère tragique d'une telle épreuve.

Quel beau dimanche *n'est pas seulement un titre en forme de défi jovial, c'est comme un mot d'ordre, une devise signifiant ou résumant un comportement. C'est un avertissement que jette le prisonnier à la face du bourreau, ou du geôlier. C'est un manifeste de refus, non de la souffrance mais de la peur.*

La tentation est grande de comparer ce témoignage à celui de Malraux. À ceci près que l'auteur du Miroir des limbes, *capable de se libérer d'engagements dont on ne peut nier le caractère totalitaire comme le cynisme straté-gique, ne s'était jamais lié strictement au parti stalinien. Le recouvrement de sa liberté n'a pas la même intensité tragique, s'agissant d'un « compagnon de route », que celle qu'il revêt de la part d'un militant « encarté ». Les risques pris par Malraux relevaient d'abord de l'opinion publique. Ceux qu'affronte Semprun*

Si la vie continue...

impliquent la liquidation physique, procès ou pas.

Ce qui fait le prix du témoignage de Jorge Semprun, mieux encore peut-être que la double relation de ce qu'on peut appeler la coopération résistante, c'est la modestie, ou mieux la sérénité du ton qu'il a donné à ce témoignage oral recueilli voici quinze ans.

Ce témoin est cru parce qu'il a affronté tous les risques. Aussi parce qu'il a pris le parti de tordre le cou à l'éloquence.

JEAN LACOUTURE

Un témoin qu'on écoute

Jorge Semprun est mort à Paris le mardi 7 juin 2011. Quinze ans plus tôt, le 27 mars 1996, Jean Lacouture avait eu plusieurs entretiens avec ce grand intellectuel européen, ancien résistant et déporté, ministre, scénariste et écrivain.

Si vous le voulez bien, Jorge Semprun, nous allons nous intéresser d'abord à vos racines. Compte tenu de la complexité de votre personnalité, de la richesse de votre biographie, de la pluralité de vos talents, de la complexité de votre culture il importe de savoir d'où vous venez, géographiquement, culturellement, *socialement. Que représente, dans l'Espagne du début du XXe siècle, la famille Semprun ?*

C'est une famille de la bourgeoisie terrienne qui, à la fin d'une longue histoire rurale, s'oriente vers les professions libérales. Mon père est le premier de cette génération de propriétaires qui, étant donné l'épuisement des ressources agricoles, devient avocat, puis professeur de philosophie du droit à l'université de Madrid.

La famille Semprun, celle de mon père, est alliée, du fait de son mariage, avec la famille Maura, qui est impliquée dans la politique, les affaires nationales. Ce sont des gens importants dans la vie politique du pays.

Mon grand-père a été plusieurs fois Premier ministre du roi Alphonse XIII. Politicien tenu pour conservateur, il avait des velléités réformistes. Mais c'est avec la génération de ma mère que le virage s'opère. Sœur cadette de cette famille Maura, elle était, comme son frère préféré Miguel, républicaine. Ainsi sont-ils deux, dans cette famille, à avoir choisi la République dans les années trente : mon oncle Miguel, qui a été le Premier ministre de l'Intérieur de la deuxième République espagnole de 1931 ; et ma mère qui, propriétaire d'un appartement du quartier bourgeois et résidentiel de Salamanque, à Madrid, près du Prado, a fait flotter le drapeau républicain dès le 14 avril 31, au grand scandale du voisinage.

Vous êtes castillan ?

Oui.

Les Maura comme les Semprun ?

Non, les Maura sont de Majorque. Maura est une famille vraisemblablement issue des Chuetas, c'est-à-dire des marranes de Majorque, les juifs convertis par la force pour éviter l'expulsion. À Majorque, dans les Baléares, ils sont appelés Chuetas.

Le nom de Maura lui-même pourrait se référer aux Maures ?

Le nom de Maura pourrait suggérer une référence de ce type. Mais la famille Semprun, du côté paternel comme maternel, est de la Vieille-Castille.

Y a-t-il chez vous une certaine conscience marrane, de la « marranité », quelque chose qui provoque une nostalgie – ou une gêne ?

S'il y a quelque chose de cet ordre, plus ou moins génétique, c'est peut-être ce qui m'a rendu sensible, très vite, au problème juif en général, aux persécutions. Mais c'est de l'ordre de l'inconscient.

Rien qui ressemble à une solidarité juive, mieux que de l'inconscient ?

Rien.

Au temps de la deuxième République, en 1931, le petit garçon que vous êtes a-t-il conscience qu'il se passe dans son pays quelque chose de considérable ?

J'en ai une conscience très claire : l'appartement familial, fortement politisé, était transformé en lieu de rendez-vous, où fusaient les blagues, les plaisanteries. Mon père osait faire jouer la *Marseillaise*. C'était l'hymne républicain de l'époque, avant même celui de Riego, le révolutionnaire du XIXe siècle, qui était l'hymne de la République espagnole. Faire jouer la *Marseillaise* devant un téléphone débranché visait à embêter quelques membres de la famille, royalistes ou réactionnaires.

Notre famille était complètement politisée. Mon père, qui n'appartenait pas du tout à la carrière préfectorale, a tout de suite été nommé gouverneur civil, l'équivalent du préfet. Il a été le premier gouverneur de la

République à Tolède. Il le fut ensuite à Santander, deux villes importantes pour des raisons diverses. Tolède parce que c'était le
siège de l'archevêque primat des Espagnes
où se posait le problème du rapport avec
l'Église de façon directe et charnelle,
dirais-je. Santander, c'est, vous le savez, la
métropole des Asturies, où il se passe alors
beaucoup de choses...

*Vous naissez donc dans un milieu intensé-
ment politisé, dans une famille impliquée dans
la compétition politique, mais pas dans la ligne
du grand-père Maura...*

Le grand-père Maura est mort...

Respecté ?

Très respecté, même par ceux qui ont
radicalisé les positions de la famille, comme
ma mère. C'est une personnalité importante.
Mais s'il a un peu disparu de l'horizon

familial, il reste une présence tutélaire, le grand homme de la famille où l'affrontement politique est intense.

Votre père est un personnage, un homme de pouvoir et d'influence, impliqué dans les débats de la République espagnole qui vont conduire aux grands événements de 1936. Vous êtes très conscient de cela, déjà tourné vers une gauche qui irait au-delà du strict attachement à la République ?

La vraie rupture avec les idées familiales, libérales de droite, c'est mon père qui l'a faite. Lui est un catholique de gauche, ce qui paraît d'une grande banalité aujourd'hui partout dans le monde, mais qui, dans l'Espagne des années trente, était d'une extrême rareté. Il crée avec José Bergamín, bien connu en France pour ses essais littéraires ou tauromachiques…

Qui sont les uns et les autres admirables...

… mon père, donc, est un des fondateurs avec Bergamín de la revue *Cruz y Raya*, très belle, très bien présentée et très engagée à gauche au sein de l'univers catholique. Il approfondit cette rupture en 1936, en prenant parti publiquement pour le Front populaire. Décision qui tranche plus radicalement avec son milieu que d'avoir fondé une revue catholique de gauche.

Les catholiques de droite, type Gil Robles, s'opposent à la ligne de votre père.

Fermement, alors qu'ils exercent une influence considérable dans la vie publique du pays, à travers la coalition de partis, Confédération espagnole des droites autonomes, la CEDA, qui domine vraiment la vie politique – avec l'Église, et en partie de son fait.

Un homme comme Calvo Sotelo, par exemple, appartient à ce courant ?

Calvo Sotelo, président du Conseil après Adolfo Suarez lors de la transition, est un héritier de cette famille politique. Il joue un rôle éminent dans cette droite disons conservatrice, mais franchement parlementaire.

C'est l'assassinat de ce même Calvo Sotelo qui sera...

... un des détonateurs de la guerre civile.

Vous-même, Jorge Semprun, êtes très proche de votre père, vous l'écoutez avec déférence, vous êtes inspiré par lui ?

Oui, et c'est pour ça peut-être que m'interrogeant sur mes souvenirs d'enfance, je constate qu'ils sont presque toujours d'ordre politique ou historique : la naissance de la République, les grandes révoltes ouvrières des années 1933-1934, la répression dans les Asturies, et puis la guerre civile. La vie politique et sociale de l'Espagne pendant les années de la République a été très violente. Affrontements continuels, grèves générales, grèves insurrectionnelles, tentatives de putsch monarchiste ou militaire... Mes souvenirs sont toujours liés aux récits de mon père, aux exposés qu'il faisait quand se réunissait sa nombreuse famille – nous étions sept frères et sœurs – aux heures rituelles du petit-déjeuner ou du dîner. D'où un lien très fort avec lui et ses idées.

Quand, plus tard, j'ai opéré une rupture en devenant communiste, il a toujours respecté ce choix, non sans le trouver absurde.

Le garçon que vous êtes, qui va devenir l'écrivain que l'on connaît, s'intéresse donc à la politique plutôt qu'à la littérature qui est pourtant florissante dans l'Espagne de cette époque – la fameuse « génération de 95 » est encore très prestigieuse – ou à la peinture qui, dans votre pays, rayonne… Pour vous c'est bien la politique qui domine votre enfance, votre adolescence ?

Je nuancerais un peu. C'est la politique qui prime, bien entendu. Mais la littérature n'est pas oubliée. Mon père fait partie d'un certain nombre de *tolias*, ces cénacles qui se réunissent dans des cafés, souvent littéraires. Il fait partie d'un groupe de gens qui se réunissaient tous les jours ou tous les deux jours autour de García Lorca, Alberti, ou Bergamín lui-même. C'est dire à quel point la littérature est présente chez nous.

Je me rappelle très bien un souvenir d'enfance : avec mes frères nous avions construit un échafaudage de meubles sur lequel nous grimpions pour arriver à voir au-dessus d'une tapisserie qui occultait une grande porte vitrée, jusqu'à dix centimètres du plafond ; à travers ces dix centimètres nous pouvions observer les visages des gens que recevait mon père. C'est ainsi que j'ai un souvenir très précis du visage de Federico García Lorca qui dînait un soir chez nous. Si la politique est au premier plan, chez nous comme dans l'Espagne de ce temps-là, la littérature n'en est pas moins présente.

Quand vous regardez Lorca au-dessus de la tapisserie, parle-t-il de révolution plutôt que de poésie ?

La dernière lecture que Lorca a faite, en juillet 36, quelques jours avant le soulèvement franquiste qui a déclenché la guerre civile, a eu lieu chez des amis, et mon père y assistait. Il s'agissait de sa dernière pièce, *La Casa de Bernarda Alba*, *La Maison de Bernarda Alba*. Il l'a lue juste avant de partir pour Grenade. L'atmosphère de Madrid était trop violente, et il pensait qu'à Grenade il serait plus tranquille pour l'été. Et c'est à Grenade qu'il a été pris et fusillé.

L'explosion de juillet 36, la sent-on venir, dans votre milieu ? Croit-on que la République est menacée ?

Absolument. On sent la tension monter. Des rumeurs de coup d'État militaire se multiplient. La conspiration se noue parfois presque en plein jour. Les signes annonciateurs se multiplient, l'assassinat de Calvo Sotelo notamment, en représailles de celui d'un lieutenant de la Garde d'assaut, la *Guarda d'Assalto*, les CRS en quelque sorte, la police républicaine. Calvo Sotelo, leader de la droite parlementaire, aurait pu, sinon empêcher du moins modérer les tentatives de coup de force. La conspiration était en marche depuis longtemps. Son assassinat la déclenche, le jour J. La gauche, la voyant venir, était impuissante à dominer le cours des choses.

Dans votre milieu, la décision de constituer le Front populaire, le Frente popular, *paraît-elle une imprudence ? Votre père pense-t-il qu'il lie trop ouvertement la gauche aux communistes, qu'il est imprudent d'agiter le chiffon rouge devant le taureau de l'extrême droite ?*

Non, mon père ne pense pas du tout ça. Il a écrit plusieurs articles pour justifier son adhésion au Front populaire et son appui, qui ne s'est pas démenti. Il est mort sans rentrer en Espagne du temps de Franco, toujours lié au mouvement républicain en exil, mouvement fantôme reconnu par très peu de puissances. Il a été le représentant de ce gouvernement à Rome auprès du Vatican et auprès du Quirinal. Il pensait qu'il était nécessaire d'élargir au maximum l'union des forces de la gauche ouvrière et de la bourgeoisie libérale. C'est le rôle qu'il a joué dans ce Front populaire : l'élargir au maximum vers le centre.

Le coup de force, le golpe *de 1936, prend-il la famille Semprun à contre-pied ?*

Le 16 ou le 17 juillet 1936, nous partons pour les longues vacances scolaires de l'été, celles des familles bourgeoises, qui durent trois mois. Je me rappelle très bien la traversée de certaines villes sur le parcours, en voiture, sur la longue route qui conduit de Madrid à Lequeito, au Pays basque espagnol, petit village de pêcheurs où nous passions nos vacances à cette époque-là.

Je me souviens très bien de l'inquiétude de mon père au cours du voyage entre Burgos et Vitoria. Il y avait quelque chose de sensible dans l'air, on sentait que quelque chose se tramait : mouvements de troupes, officiers réunis dans les cafés… Il a écourté les étapes, éliminé les repas pour arriver plus vite dans la maison de vacances. C'est le lendemain, le 18 juillet, quand nous nous sommes réveillés dans cette maison de pêcheurs de Lequeito louée pour l'été, que nous avons entendu la radio annoncer le soulèvement au Maroc, qui a donné le coup d'envoi du *pronunciamiento* militaire, et, partant, à la guerre civile.

Votre père considère d'emblée que le coup de force est irrésistible, qu'il sera impossible de le mater ?

Non. Les premières journées donnent cette impression. Mais à partir du moment où le peuple prend les armes, syndicats et milices ouvrières en tête, la possibilité d'une résistance s'affirme. Mon père participe à des réunions du Front populaire à Santander. Il fait des conférences à la radio, suscite un colloque contre le fascisme, et à la fin de l'été, quand le nord de l'Espagne est coupé de la France, les troupes franquistes ayant pris tous les postes frontières, il décide de rentrer à Madrid, d'abord en embarquant sur un petit bateau de pêche qui nous permet de gagner Bayonne. Là, nous sommes hébergés par la famille Soutou, liée au groupe Esprit, dont l'un des fils, Jean-Marie, est devenu mon beau-frère. En cours de route, à l'une des étapes du voyage pour rentrer à Madrid, mon père apprend qu'il est envoyé comme chargé d'affaires, représentant la République à La Haye, aux Pays-Bas. Il n'était pas diplomate, mais la République était obligée de substituer un corps diplomatique à celui qui était passé du côté franquiste.

Nous voici donc à la fin de l'été 36. Après la chute d'Irún...

Oui. C'est en septembre 1936 que nous quittons d'abord Lequeito, ensuite Bilbao, dans un chalutier qui nous permet de gagner Bayonne. Quand je passe à Bayonne aujourd'hui, je ne manque pas de rappeler que c'est sur ce quai qu'est arrivé le *Galerna*, notre bateau. Le kiosque à musique est toujours là...

Découvrir la baguette française a été une révélation pour nous : en trois mois à peine, nous avions perdu l'habitude du pain blanc. C'est fou ce que la guerre détruit vite les habitudes de toutes sortes. Il faut dire que la baguette française est assez spécifique...

Quelques mots de cette France de la fin de l'été 1936 qui vient de choisir la non-intervention, c'est-à-dire l'abandon de la République espagnole. Comment ressentez-vous cette attitude, vous, Espagnols républicains de culture française ?

Attention : mon père considérait que les occasions d'apprendre le français allaient être très nombreuses au cours de la vie, que le français nous était tellement naturel qu'on pourrait toujours l'étudier un peu plus tard, et qu'il valait mieux apprendre au départ une langue plus difficile, comme l'allemand. Dès l'âge de trois ans, l'allemand a été ma deuxième langue.

Vos frères et sœurs étaient soumis au même régime ? Plus ou moins coupés du français ?

Nous étions sept, il y avait donc des classes d'âge, aussi pour l'instruction. Nous avions une gouvernante allemande qui apprenait cette langue aux trois frères du milieu. Les deux sœurs aînées avaient appris le français. L'un de mes premiers souvenirs liés à la France, c'est la correction d'un devoir envoyé par l'École universelle – une école par correspondance en vue d'écrire en français – où mes sœurs devaient commenter un poème de Victor Hugo, « Mon père, ce héros au sourire si doux... », où une phrase les avait indignées, qui avait provoqué une lettre de protestation à l'École universelle : « L'homme, une espèce de Maure... » Pourquoi l'Espagnol devrait-il être une espèce de Maure ! La première discussion sur le thème racial que j'ai entendue avait pour origine ce poème de Victor Hugo... En tout cas, mes sœurs étaient plutôt francophones d'éducation et nous, les garçons, étions germanophones.

Pas d'anglophones ?

Non. Ça viendra plus tard.

Nous avons évoqué les rapports d'une famille espagnole avec la France de la non-intervention. Vivez-vous en état d'indignation lorsque vous traversez la France d'alors ?

Il y a deux niveaux de souvenirs, d'expériences : la vie quotidienne d'une part, et la lecture de la presse d'autre part. Nous étions entourés de gens qui étaient pour la République, nous avions des rapports personnels, familiaux, avec des gens qui avaient pris parti pour elle, à des degrés divers. Mon père était correspondant de la revue *Esprit* en Espagne. Nos rapports avec le groupe Esprit, Mounier et les autres, étaient évidemment amicaux.

Vous avez connu Mounier à cette époque ?

Oui, je l'ai très bien connu. Je l'ai retrouvé plus tard, en 45-46. J'étais jeune à l'époque, encore adolescent.

Une de nos premières déceptions nous a été infligée par la presse française. Le premier choc a été de constater que les franquistes, ceux que nous appelions les rebelles, les insurgés, ou les factieux, étaient appelés par les journaux de France les « nationaux » ou les « nationalistes ». Nous ne comprenions pas.

Permettez-moi, Jorge, une objection. J'ai revu le film que Jean Prat a tiré de votre Grand Voyage. *Au cours d'une scène terrible dans un commissariat français, où un policier se conduit d'une façon particulièrement abjecte avec un groupe de réfugiés espagnols, on observe en effet qu'en France on appelait « nationaux » les franquistes, et « rouges » les républicains.*

Moi qui ai à peu près votre âge, j'ai un souvenir différent. Je vivais à Bordeaux, à cette époque, où le journal dominant, sans couleur ni odeur, s'appelait La Petite Gironde. *Au début, en 1936, les franquistes y étaient qualifiés de rebelles, et les républicains de loyalistes. C'est plus tard qu'on a parlé de franquistes et de républicains. Dans un milieu plutôt orienté à droite comme celui où je vivais, on a dit d'abord « les rebelles », puis « les franquistes » ; s'agissant de l'autre côté, d'abord « les loyalistes » et ensuite « les républicains », et puis « les rouges » !* Le Figaro *s'exprimait comme vous l'avez dit tout à l'heure. Mais* L'Œuvre, *et à plus forte raison* Le Populaire, *disaient bien « les républicains ». La France était extrêmement divisée et pleine d'inquiétude, beaucoup ayant conscience que cette guerre d'Espagne était le prologue d'une guerre à venir. Un homme comme de Gaulle perçoit bien cela…*

Mais je reviens encore une fois sur le sentiment que ce groupe de républicains loyalistes que vous êtes traverse une France qui vient de décider la non-intervention, qui vient de laisser Irún tomber aux mains des franquistes. Gardez-vous encore en vous, à propos de ces moments-là, un sentiment de colère, de déception ?

Je garde un souvenir très précis des discussions, des colères, des tentatives de convaincre les uns et les autres que cette histoire de la non-intervention a provoquées pendant toute cette période, des articles, des conférences de mon père sur ce

problème, des discussions chez lui, à la légation d'Espagne à La Haye avec les person-
nalités plus neutres, moins engagées que lui
pour la République. La non-intervention
était en effet l'obsession des républicains
espagnols, le sujet de discussions aussi
intenses que les débats provoqués par les
accords de Munich.

Pour beaucoup de ces gens que Daladier
qualifie de la façon que l'on sait quand il
rentre de Munich, pour des masses énormes,
cet accord signifie un sursis pacifique : la
paix encore pour quelque temps, peut-être
pour longtemps. Mon père en a conçu une
énorme déception, qui lui a valu une vraie
dépression. Pour lui, bien sûr, la paix était
préservée pour quelques mois, peut-être
quelques années encore, mais la République
espagnole était condamnée. Au moment de
Munich, la République espagnole a encore
un an à vivre, mais il est clair que nous
sommes condamnés.

On associe souvent le nom de Léon Blum à la non-intervention détestée. Des révisions ultérieures ont-t-elles été opérées ?

Pour les républicains espagnols, le nom de Blum est à cette époque, sinon maudit, du moins controversé. Aujourd'hui, ma « lecture » et mon appréciation du comportement de Blum ont beaucoup changé. Sur le plan intellectuel et dans le domaine des idées, c'est une des personnes les plus estimables du XXe siècle en France. Vous qui avez écrit une biographie de Blum, vous savez à quoi vous en tenir.

Je me tiens moi-même pour blumiste mais je comprends très bien les réserves espagnoles à son sujet…

Je suis devenu blumiste et je vois d'une autre façon maintenant les contraintes qui ont inspiré sa stratégie, ce qu'il a essayé de sauver à travers une certaine application de la non-intervention. Mais c'est vrai qu'à l'époque, si je reviens à mes souvenirs d'adolescent, Blum est un peu l'incarnation de l'abandon de la République espagnole par la France. J'ai corrigé mon point de vue peu à peu, en fréquentant mieux et l'histoire et l'œuvre de Léon Blum.

Peut-on dire que vous avez passé l'essentiel de la guerre civile, de 1936 à 1939, hors du territoire espagnol ? En grande partie à La Haye ?

Presque tout le temps à La Haye, oui. Nous avions donc quitté l'Espagne à la fin de l'été 1936, en septembre. Une partie de la famille est restée hébergée un temps chez des amis, à droite et à gauche, et, au début de 1937, nous avons retrouvé mon père qui avait donc pris en charge la légation de l'Espagne républicaine aux Pays-Bas. C'est le 22 mars 1939 que je suis arrivé en France, à la fin de la guerre civile, quelques jours avant sa fin officielle, le 1er avril 1939. Jusqu'à cette époque, nous avons vécu la guerre dans ce qui n'était pas encore évidemment un exil politique, un éloignement que nous espérions provisoire.

Pour vous, du point de vue culturel, il s'agit d'une période très importante ? C'est alors, à quinze, seize ans, que vous découvrez la philosophie, que vous approfondissez votre jugement littéraire ?

Il y a deux phases très distinctes. Celle de La Haye est une période d'études secondaires : je crois que je peux me féliciter, et féliciter l'enseignement néerlandais, pour la qualité de ses professeurs de langues classiques. Je leur dois ce que je sais encore de latin et de grec, mais cette période est aussi pour moi celle de la découverte de la peinture.

Un Espagnol découvre la peinture à l'étranger !

Non : chaque dimanche mes frères, mes sœurs et moi allions au Prado, tous les sept, groupés par classe d'âge, guidés par mon père. À cette époque, le Prado était désert et facile à parcourir… Mais la vraie découverte de la peinture a été pour moi le Mauritshuis, le musée de La Haye. C'est là que j'ai découvert Vermeer, la *Vue de Delft*, là que j'ai pris goût à la peinture, comme à la littérature française dans Baudelaire…

La deuxième phase est celle de Paris, qui commence en 1939. C'est celle de ma découverte du français.

Votre implantation en France s'opère dans le cadre familial ?

Non, elle se fait par vagues successives. Quand la fin de la guerre civile en Espagne, dès longtemps prévisible, se fait inévitable, à quelques jours près, mon père envoie d'abord les deux fils aînés, mon frère Gonzalo et moi, à Paris, au lycée Henri IV, comme internes. Nous arrivons pour le dernier trimestre de l'année 1939. J'entre en classe de troisième, ce qui correspondait à peu près au niveau de mes études néerlandaises. Voyant mes résultats, le proviseur m'a proposé de sauter la classe de seconde et d'entrer directement en première. Ce que j'ai accepté, bien entendu. Mais Henri IV est devenu un lycée de filles et j'ai poursuivi mes études à Saint-Louis, qui était bien autre chose : tout marchait encore au tambour napoléonien…

Ce tambour militaire a-t-il contribué à éveiller votre passion littéraire et politique ?

Peut-être. Mais ma passion littéraire est surtout liée à l'extérieur, à ce groupe d'hommes d'esprit, dans le double sens du terme : hommes d'esprit et de la revue

Esprit. Mon correspondant était Pierre-Aimé Touchard, répétiteur au lycée et collaborateur de la revue, devenu plus tard administrateur de la Comédie-Française. C'est lui qui s'occupait de moi, interne, quand je sortais le dimanche. Ainsi me suis-je lié à ce groupe autour de Mounier, et de ceux qui s'occupaient de la revue, mon père étant des leurs.

Tout cela dans un climat encore très espagnol... Êtes-vous hanté par le pays natal, par sa culture ? Êtes-vous encore lié à la tragédie espagnole et aux racines nationales ?

Très lié, bien sûr. Mais, très vite, à quinze ans (pendant l'été 1939, qui fut celui de mes grandes lectures, je n'avais pas encore seize ans), j'ai pris la décision de me franciser. Certains incidents dus à mes difficultés d'expression en français – ma langue parlée restait encore hésitante –, la moquerie (parfois politique, de ceux qui me désignaient comme un petit « rouge », un chétif réfugié espagnol) m'ont poussé à m'affirmer : « Vous ne pourrez plus me distinguer comme étranger du fait de ma façon de parler. Je serai étranger parce que j'ai décidé de l'être, mais pas parce que je parle mal votre langue. » Et j'ai très vite maîtrisé le français. Très vite.

Peut-on dire que cette atmosphère compétitive du point de vue culturel trouve sa traduction politique ? Que cette révolte contre une certaine humiliation, formelle ou culturelle, vous conduit à une prise de conscience politique très forte, à une radicalisation ?

Évidemment ! Quand on me demande pourquoi je me suis engagé dans la Résistance, je réponds toujours que ce fut tout naturellement. Pour moi, ne s'est pas posé de problème de choix, de décision à prendre, de rupture avec ceci ou cela. C'était tout naturel. Le souvenir de la guerre d'Espagne imposait le constat de la persistance du même ennemi, le nazisme occupant la France comme le fascisme s'était emparé de l'Espagne.

L'éducation acquise en classe de philo, les découvertes faites grâce à Levinas, à ses articles dans la *Revue philosophique*, celle des phénoménologues comme Husserl et la révélation du marxisme, voilà ce qui me conduit de façon toute naturelle vers l'engagement politique à la fin de l'année 1941, début de 1942, à dix-huit ans.

Avez-vous conscience d'un moment où vous vous êtes reconnu marxiste ? Y a-t-il une entrée dans le marxisme, le passage à travers un portique si l'on peut dire ? Vous dites que vous avez décidé de devenir français, au moins de culture, d'entrer, de contrôler, de vivre la culture française. Y a-t-il un moment où vous vous dites : « Maintenant, je suis marxiste » ?

Oui, on peut le dire, d'une certaine façon. Le hasard géographique a eu sa part. En cherchant le contact avec le Parti communiste espagnol – puisque je me considérais toujours politiquement espagnol –, j'ai pris contact avec des groupes étrangers plus ou moins liés à la MOI, la Main-d'Œuvre immigrée, une organisation émanant du Parti communiste français. On y rencontrait des gens de diverses nationalités, souvent juifs. C'est grâce à eux que j'ai découvert une vieille édition (la première des éditions Malik, vraiment légendaire), d'*Histoire et conscience de classe*, de Lukács. C'est la lecture de ce livre, à dix-huit ans, qui m'a permis de dire : « À dater de ce moment, du fait de ce livre-là, je me considère comme marxiste. »

Ce moment se situe, en France occupée, en 1942, 1943 ?

C'est en 1942 que j'ai pris contact avec le Parti communiste espagnol. Mais à ce moment-là une terrible vague d'arrestations décime le parti et me fait perdre le contact. En attendant, la MOI me met en contact avec d'autres réseaux de résistance.

C'est avec Michel Herr, le fils de Lucien Herr, que j'intègre le réseau « Jean-Marie Action », un des réseaux Buckmaster dépendant directement de Londres. « Jean-Marie Action » s'occupe des parachutages et de la distribution d'armes dans la région de la Côte-d'Or, de l'Yonne, etc.

Ce groupe n'est pas précisément communiste...

Non. Je suis le candidat idéal pour un procès stalinien qui aurait eu lieu en France. En effet, sur les conseils, on peut presque dire l'injonction, du PCF, je travaille dans un réseau britannique pour essayer d'orienter les armes vers ceux qui se battent vraiment. Thème d'un grand débat sur les armes parachutées, qui ne servent à rien si elles dorment dans les dépôts au moment où il faut se battre massivement. Au moment du débarquement ? Avant ? Deux écoles, deux théories. Ce qui est clair, c'est qu'il faut être en liaison avec la source des armes. Les parachutages provenaient surtout des réseaux gaullistes du BCRA, ou directement britanniques, Buckmaster en particulier.

Communiste ou pas, il fallait travailler avec eux pour orienter les armes vers ceux qui se battaient. Il n'y a aucune preuve écrite de cela. J'aurais été accusé d'être un agent de l'Intelligence Service s'il y avait eu en France un procès dans le genre de ceux qui ont eu lieu dans les pays de l'Est. Comment prouver que c'était le Parti communiste qui m'avait demandé de travailler avec les Anglais ?

Le communiste d'esprit et de cœur que vous êtes à ce moment-là a donc rejoint la Résistance armée par les Britanniques ?

Absolument.

Cela se passe dans la Côte-d'Or, en Bourgogne ?

Non. À Paris d'abord. Le chef de ce réseau « Jean-Marie Action », qui a été fusillé par les Allemands, s'appelait Henri Frager. Un personnage assez extraordinaire, un architecte, qui nous a recrutés et que j'ai retrouvé à Buchenwald où il a été déporté pendant quelques mois, puis enlevé par la Gestapo pour être fusillé, juste à la fin de la guerre. Ce réseau-là opérait surtout dans l'Yonne et la Côte-d'Or.

Quand vous entrez dans le combat, vous avez vingt ans ?

Un peu moins de vingt ans : j'ai été arrêté le jour de mon vingtième anniversaire…

Vous entrez dans le combat pour l'honneur, ou l'efficacité ? Par respect pour vous-même ou avec la conviction que le nazisme peut être vaincu ?

Avec la conviction, la certitude, que le nazisme peut être vaincu. N'oubliez pas qu'à ce moment-là nous sommes après Stalingrad, qui est le virage majeur de la guerre, surtout pour un communiste.

Après aussi le débarquement anglo-américain en Afrique du Nord…

… et pendant celui des Alliés en Italie, dans cette période de la guerre où la situation commence à basculer du côté des démocraties. Je suis convaincu alors que la victoire est possible. J'insiste beaucoup sur ce que ce processus a eu pour moi de naturel. Je n'ai jamais eu l'impression de faire quelque chose d'héroïque. Jamais. Je savais très bien quels étaient les risques.

Je ne me suis pas du tout engagé comme dans une espèce d'épopée, la fleur au fusil. Pas du tout. Quand on entre dans un réseau et qu'on a été, auparavant, en contact avec les gens de la MOI, on sait très bien ce que c'est que la torture. On vous a raconté. Les risques sont connus, acceptés. Mais, en même temps, je n'ai pas du tout le sentiment d'être un héros.

Vous passez donc au maquis. Une petite organisation d'abord ?

Nous n'étions pas directement reliés à un maquis, nous ravitaillions des maquis différents. Mais celui dont je garde le plus grand souvenir, c'est celui que nous avons visité le plus fréquemment. Il s'appelait le Tabou, au sud de la Bourgogne, à Châtillon-sur-Seine, un groupe de villages perdu dans la forêt, ce pourquoi il a tenu assez longtemps. Après mon arrestation, les SS ont soumis la région à une féroce opération de nettoyage.

C'était un maquis assez considérable, qui s'était constitué et nourri à partir de réfractaires au STO, le Service du travail obligatoire de Vichy. Ce sont ces jeunes gens, ouvriers ou étudiants, qui refusaient de partir travailler en Allemagne, qui ont constitué les troupes du Tabou.

Gardez-vous le souvenir de l'attitude de la population alentour ?

Le témoignage que je porte ici ne correspond pas à ce que je lis et ce que j'entends sur la question : j'ai le souvenir d'une population paysanne française complètement acquise à la Résistance et favorable aux maquis. Non qu'elle fût mobilisée militairement, mais nous, maquisards, y étions vraiment « comme des poissons dans l'eau », pour reprendre l'expression maoïste. Ce qui veut dire qu'après avoir provoqué un déraillement, qui entraînait l'intervention rapide de la police allemande, on pouvait se réfugier dans n'importe quelle ferme. Au contraire de ce que l'on a souvent écrit, il suffisait de montrer que nous étions des hommes armés pour qu'on nous ouvre les portes. Loin de leur faire peur, ça rassurait nos hôtes...

Notation peu banale, en effet...

J'ai vu personnellement, pendant l'été 1943, dans l'Yonne, ou la Côte-d'Or, des batteuses portant des pancartes où on lisait : « Nous battons avec l'autorisation des patriotes. » Je ne veux pas dire par là que tous les paysans de France étaient à l'image de ceux-là, ni que dans cette région il n'y avait pas des zones où s'exprimaient des opinions différentes. Peut-être s'agissait-il d'un microclimat. Les historiens de la région sont en mesure de corroborer ou corriger ce que je dis. Mais mon expérience personnelle, c'est que les fermes nous étaient ouvertes et que les paysans étaient avec le maquis. D'une façon parfois passive, parfois discrète, mais on pouvait compter sur eux. Telle est mon expérience.

Dans cette eau protectrice, comment est pris le poisson ?

Toujours de la même façon : dénonciation. Un voisin de la maison d'Irène Rossel, qui était un peu notre base, à Épisy, un faubourg de Joigny, sur le chemin de halage, à l'endroit où maintenant il y a un restaurant célèbre (la maison existe encore, je l'ai vue il n'y a pas longtemps), a signalé comme suspectes les étranges allées et venues de voitures qui déchargeaient des colis. Quelqu'un a-t-il commis quelque imprudence dans cette maison qui nous servait de point d'appui, de refuge – et de cache d'armes aussi, qui n'a pas été découverte par la Gestapo ? Un jour, en rentrant d'une mission nocturne, je suis allé m'allonger dans une chambre, sans prendre le temps, ou avoir la présence d'esprit de planquer mon arme à l'endroit prévu, dans une peau de lapin accrochée à une poutre de la grange. La Gestapo est arrivée pendant mon sommeil et m'a pratiquement cueilli au lit. Je n'ai rien pu faire.

Vous pensez qu'un paysan ou un citoyen français de cette région vous a dénoncé ?

Je ne sais pas qui. Il est vraisemblable qu'il s'est trouvé quelqu'un pour écrire ou aller dire à la Gestapo : « La maison d'Irène Rossel est suspecte, il se passe des choses, allez voir. » Et la Gestapo est venue voir. Ce n'était pas une descente massive. Ils étaient trois : un chauffeur et deux civils, pas même entourés de *feldgendarmes* ou de militaires.

Vous avez été pris tout seul ?

J'ai été pris tout seul. Je n'ai entraîné personne dans mon arrestation.

Vous êtes transféré tout de suite à la Préfecture ?

Je suis transféré tout de suite à la *Feldgendarmerie* de Joigny, une belle maison dans la vieille ville, avec un très beau jardin en pente.

On se rend compte, menottes aux poignets, qu'on est dans une belle maison avec un beau jardin ?

On se rend compte que c'est une belle maison et que c'est un très beau jour d'automne. Le soleil est là. Et j'ai même observé quelque chose de très étrange qui m'a rappelé mon enfance espagnole. Dans le salon de cette maison, réquisitionnée à quelque bonne famille française, il y avait une harpe posée là dans un coin, et cela m'a rappelé le poème de Gustavo Adolfo Bécquer, le poète romantique espagnol, sur la harpe oubliée dans le salon. « *Cuentas notas...* » (*Rimas y Leyendas*, rima n° 7). Oui, je me rappelle en effet la beauté de cette maison...

Je me rappelle aussi la *Feldgendarmerie*. C'était moins drôle. Mais ils ont commis une erreur capitale : ils ne m'ont pas interrogé tout de suite. Ils m'ont envoyé à la prison d'Auxerre et m'y ont laissé toute la nuit. J'ai ainsi eu le temps de me préparer à affronter les interrogatoires avec un moral assez ferme...

Interrogatoire de quelle nature ?

De la nature habituelle des interrogatoires de la Gestapo.

Baignoire ?

Y compris la baignoire.

Pas d'électricité ?

Pas d'électricité. Non. Coups et baignoire.

La baignoire, quelqu'un comme moi qui n'y est pas passé ne réalise pas que c'est très dur...

Assez dur. De la baignoire j'ai gardé un souvenir que je vous livre, ce que je ne fais pas volontiers. Quand, dans une piscine d'amis, en plein soleil, quelqu'un me fait la blague de me pousser la tête sous l'eau, je deviens fou.

Les interrogateurs étaient-ils français ou allemands ?

Allemands. Je n'ai eu affaire qu'à la Gestapo. En prison, à Auxerre, dans la section allemande, il y avait bien quelques gardiens français, mais ils n'avaient pas de contact avec nous. Ils étaient là parce que c'était une prison française, mais je n'ai eu de rapports qu'avec la Gestapo allemande.

De là ils vous expédient à Compiègne ?

De là à Compiègne. Deux jours. Puis c'est le grand voyage vers Buchenwald. Nous sommes là quelques mois après, en janvier 1944.

Le Grand Voyage… *De la lecture du livre que vous avez ainsi intitulé, puis de la vision du film que Jean Prat en a tiré, se dégage l'impression d'une cohésion extraordinaire entre les transportés, entre les gens très divers que vous êtes : de vrais résistants politiques, très conscients, comme vous, un dénonciateur, pris on ne sait comment, probablement dans une rafle, et des individus qui sont là plus ou moins du fait des hasards de l'histoire. Mis à part le traître, tous font preuve d'une cohésion admirable, comme s'ils étaient issus d'une cellule commune, ou de la même section d'un parti ou d'une organisation. Le wagon « fait ciment », si l'on peut dire ?*

C'est mon expérience. Le wagon a « fait ciment » et a préparé une évasion collective, qui n'a pas pu se réaliser parce que les occupants d'un autre wagon nous ont devancés, provoquant des mesures de surveillance et de représailles. Les SS ont déchaussé tous les prisonniers... Mais la décision collective avait été prise d'aider ceux qui allaient tenter de sauter.

Certains avaient réussi par miracle (je n'arrive toujours pas à comprendre comment ils ont fait) à passer quelques petites scies à travers toutes les fouilles. Le projet était de scier le plancher du wagon, de sauter à plat ventre sur le ballast et de s'évader. Tout le monde était d'accord, sauf ce dénonciateur qu'on a fait taire rapidement. Ceux qui auraient la chance de partir partiraient, les autres assumeraient les coups et la responsabilité d'avoir protégé leurs compagnons. C'était un défi collectif. Le fait est que le projet a échoué.

Quand on arrivait dans un camp – à Buchenwald, dans mon cas –, tous les Français, tous ceux qui venaient de France portaient le triangle rouge des politiques. Mais tous n'étaient pas des résistants : certains avaient été pris dans des rafles, au hasard. Ils pouvaient être de gauche ou de droite, parfois gaullistes, mais ils n'avaient pas été arrêtés comme résistants. Il y avait aussi des gens du milieu, des trafiquants du marché noir.

Cela dit, par un phénomène de contagion ou d'osmose, c'est la morale résistante qui prédominait. Cette collectivité composite était, d'une certaine façon, soudée par cette morale de combat. Dans ce wagon en tout cas, et même après, au camp.

Morale spontanée, donc pas liée à celle d'une organisation, de la cellule communiste...

Non, pas du tout. Dans ce wagon, il n'y avait pas plus de deux ou trois communistes sur cent vingt déportés, la plupart des autres étaient des hommes armés d'une morale résistante nationale, avec des composantes plus politiques ou plus sociales, bien entendu, mais une morale de résistance.

Vous savez dès l'origine (le film le suggère) que vous êtes dirigé sur Weimar ?

J'avais passé deux nuits à Compiègne, où des gens qui y avaient séjourné plus long-temps avaient organisé un système de ren-seignements. On pouvait savoir vers où on était déporté. Plusieurs convois, à peu près dix mille ou quinze mille déportés, sont partis de Compiègne dans les derniers jours de janvier 1944. À Buchenwald, tous les porteurs des numéros de 40 000 à 50 000 étaient de ces Français-là. J'étais le 44 000ᵉ. On savait qu'on allait à Weimar, mais on ne savait pas très bien quel genre de camp c'était. Des légendes presque idylliques circulaient : on travaille en forêt, on fait les bûcherons. En tout cas, cela se passait du côté de Weimar.

Le nom de Buchenwald n'était pas encore légendaire ?

Non. La seule destination qu'on espérait éviter, à Compiègne, c'était les camps de Pologne. Leur légende, qui en faisait les pires de tous, était arrivée jusqu'à Compiègne. Compte tenu de cette panique, de cette crainte de la Pologne – en tant que lieu où les Allemands avaient installé les camps d'extermination –, être dirigé sur Weimar était presque un soulagement.

Au moment où vous affrontez cette terrible épreuve, aviez-vous au cœur l'espoir que la guerre était sur le point de finir ? Vous avez rappelé tout à l'heure que dès la fin de 1942 et au début de 1943, le rapport de forces avait basculé…

Nous sommes au début de 1944. Cette période difficile de 1943 fut éprouvante : on attendait l'ouverture du deuxième front du débarquement, sachant que la date en était déjà repoussée. Ce serait au mieux pour l'été 1944. Mais pour nous, à ce moment-là, ce n'est pas la question de la fin de la guerre qui domine, c'est la curiosité, dans tous les sens du mot, doublée d'angoisse. Qu'est-ce qui nous attend ? Où nous envoie-t-on ? Qu'est-ce que c'est que ces camps ?

Alors que sur l'évolution de la guerre, vous êtes, dans l'ensemble, bien informés ?

Parfaitement.

Comme dans les maquis, l'information circule dans les prisons...

... et comme dans le camp, où on a continué à être bien informés, grâce à un véritable réseau de renseignements. On savait. Je me rappellerai toute ma vie le jour de la libération de Paris, qui était, pour l'Europe entière, un symbole de la liberté. Dans certains livres sur les camps, la chute de Paris en 1940 est signalée comme un jour néfaste...

La nouvelle de la libération de Paris a été immédiatement connue dans le camp. Deux heures plus tard, tout le monde savait. Ce soir-là, quand les déportés, en revenant de leurs commandos extérieurs, sont montés sur la place de l'appel, il fallait voir les

Français ! Eux qui, en général, traînaient la patte, étaient les moins bien rangés, les moins disciplinés (c'était leur façon de résister, d'essayer de se démarquer de la rigidité de l'ordre imposé par les SS), ce soir-là, brusquement, ils sont montés à l'appel alignés au cordeau, marchant au pas. C'était le pas de la victoire, le pas de la libération de Paris.

Peut-on dire que vous êtes arrivé au camp, après le terrible voyage, en communiste ? En dépit du pacte germano-soviétique de 1939, vous considérez-vous décidément comme militant du parti ?

Je me considère déjà comme militant communiste, bien que non inscrit ou, comme on disait à l'époque, non cadré, pas encore pris en charge par les cadres. Interprété à seize ans, déjà sympathisant, le pacte de 1939 m'avait paru un acte politique, certes cynique, mais fait pour gagner du temps. J'essaie de reconstituer mes impressions d'alors : l'adolescent que je suis n'est pas choqué outre mesure, peut-être parce que je considère que la politique n'est pas le lieu essentiel de la morale, mais surtout parce que je sors de la guerre d'Espagne.

J'ai vu la République espagnole abandonnée et trahie par les démocraties. « Juste retour des choses d'ici-bas », les mêmes démocraties sont abandonnées par Staline à leur triste sort. Tout ça fait partie des avatars cyniques de l'Histoire, ça ne me préoccupe pas outre mesure. J'avais seize ans, cela n'a pas fait obstacle à mon adhésion aux idées marxistes et au communisme.

Même au cours des deux, trois, quatre années suivantes, au feu de l'action, au contact d'hommes divers, d'hommes qui étaient devenus des résistants sans être communistes, qui se posaient eux-mêmes ces problèmes ? Ne vous disaient-ils pas : « Tu restes communiste, en dépit du pacte ? » Les questions de ces compagnons ne vous conduisaient-elles pas à réviser le choix d'août 1939 ?

Je comprends votre étonnement. La question se pose aujourd'hui, mais pour nous, à l'époque, l'invasion de l'URSS par Hitler et la résistance, très vite efficace et héroïque, du peuple soviétique avaient effacé complètement tout ça. Il faut se mettre dans l'état d'esprit de cette génération : elle voyait l'Union soviétique essentiellement à travers l'héroïsme du peuple russe dans cette bataille. Et puis, la bataille de Stalingrad a exalté cette légende. Je me permets de vous rappeler, Jean Lacouture, que c'est l'époque où, dans un article qu'il écrit à son retour d'Allemagne, Léon Blum, notre Léon Blum, écrit pour la seule fois de sa vie un paragraphe entier à la gloire de Staline.

Pan sur mon bec ! Votre raisonnement est convaincant, mais vous-même avez révisé très profondément votre attitude à l'égard du communisme. Le pacte de 1939 a-t-il été un élément de cette révision ? Cette révision fut-elle l'effet d'autres transformations politiques, d'autres chocs historiques ?

Chez moi, la révision s'opère à propos d'autres événements. Le facteur crucial, c'est la découverte du Goulag. Pour moi, ancien déporté dans un camp nazi, il a été vraiment impossible de faire passer le Goulag par la moulinette dialectique qui s'arrange toujours pour tout admettre et tout comprendre.

C'est la seule chose qui n'est pas admissible. Vous me direz que j'aurais pu le savoir avant, ne pas attendre, pour m'indigner, le XXe congrès et Nikita Khrouchtchev... D'accord, historiquement on pouvait savoir plus tôt. Ma biographie personnelle est celle d'un militant obsédé par la lutte en Espagne, où l'instrument communiste clandestin lutte efficacement contre le pouvoir fasciste ; ce pourquoi j'ai pris conscience si tardivement de la réalité des camps soviétiques, et cette prise de conscience a provoqué un choc à partir duquel tout a basculé pour me conduire à une analyse impitoyable du communisme, et donc de mon propre passé.

Le fait est qu'en arrivant à Buchenwald, vous êtes vraiment intégré au bloc communiste, vous êtes profondément solidaire de l'organisation ?

Oui. Très peu de jours après mon arrivée en camp de quarantaine, au bloc 62, un responsable interrégional des FTP, qui m'avait connu dans l'Yonne au cours d'une mission de distribution d'armes, a signalé ma présence à l'organisation clandestine du Parti communiste espagnol du camp. Les Espagnols n'étaient pas très nombreux à

Buchenwald. La plupart des républicains déportés étaient internés à Mauthausen, en Autriche, un camp plus dur. Plusieurs milliers d'entre eux y sont morts. À Buchenwald étaient expédiés les Espagnols arrêtés en France, dans la Résistance française : une communauté de cent cinquante personnes.

Un jour se présente à moi un homme qui est là depuis quelques semaines. C'est un des responsables communistes. Un jeu de questions lui permet de m'identifier et d'acquérir la conviction que les références que je lui donne sont crédibles. Il reconstitue les faits et comprend que la rupture de mes contacts est due à des arrestations. À partir de là, je suis totalement intégré dans l'organisation communiste clandestine espagnole du camp, et cela pour une raison simple : je suis le seul Espagnol qui parle l'allemand…

Merci mon père…

Merci mon père, merci la classe bourgeoise qui permet aux enfants d'apprendre l'allemand, et merci Fräulein Grapner qui me l'a appris... Je suis donc chargé de représenter les Espagnols dans un des bureaux du camp, au sein de l'administration interne qui était, pour l'essentiel, comme on commence à le savoir maintenant, entre les mains des communistes allemands.

Un jour je suis reçu dans ce service de l'*Arbeitsstatistik* par le kapo, un communiste allemand relativement jeune, récidiviste. Une bande rouge barrait le triangle de sa tenue de prisonnier : rouge parce qu'il avait été jeté en prison en 1933 par les nazis, libéré, puis réincarcéré parce qu'il avait repris le travail dans l'organisation communiste. Dès lors, je fais un peu partie de la *nomenklatura* communiste de Buchenwald.

Ce qui est tout à fait mystérieux pour quelqu'un comme moi, c'est la manière dont, à l'intérieur d'un système aussi féroce que le totalitarisme nazi et un camp de répression organisé par les SS, le totalitarisme rival, d'origine soviétique, arrive à pénétrer, à exister, à respirer, si l'on peut dire. Comment une structure implacable entre-t-elle dans l'autre ? Est-ce parce que, au fond, il y a une certaine parenté structurelle ou bien parce que la structure communiste est encore plus forte, encore plus ancienne, a une énergie plus profonde ? De l'acier dans le bronze ?

Il faut dire d'abord que Buchenwald est une île très particulière dans l'archipel des camps hitlériens. D'abord, ce n'est pas un camp d'extermination doté de chambres à gaz. C'est un camp de travail, un camp très dur mais voué au travail. L'extermination s'opère ici par la faim et l'épuisement.

C'est un camp autour duquel, très vite, sont construites des usines d'armement, qui exigent une main-d'œuvre exploitable, au moins pendant un certain temps. Il a été construit en 1937, et je ne sais quelle décision bureaucratique de la SS ou de la Gestapo y a concentré dès le début le plus gros des communistes allemands internés. Ceux qui y sont expédiés sont les politiques allemands – communistes et sociaux-démocrates, mais en grande majorité communistes. Une bataille se déroule partout pour le pouvoir interne. Bataille misérable, héroïque et décisive. Le contrôle de la cuisine, par exemple, peut permettre de vivre ou de faire mourir.

À Buchenwald, cette bataille tourne à l'avantage des communistes. Les droits-communs sont peu à peu évincés du pouvoir. Pourquoi ? Sans doute parce que la complexité de l'infrastructure industrielle autour de Buchenwald – il y a les fabriques de carabines automatiques de Gustloff, les fabriques d'appareil de téléguidages des fusées V1 et V2 de Mittelbau, et d'autres encore – exige une certaine capacité d'administration. Or, les communistes, souvent d'anciens députés du Reichstag ou cadres des organisations régionales, sont de meilleurs administrateurs que les criminels de droit commun. Il y a donc une espèce de cohérence, de logique objective de la guerre, qui les met au premier plan.

Le fait aussi que ce sont des Allemands ?

Ce n'est qu'à partir de 1939 que Buchenwald commence à devenir un camp multinational, multiculturel, où toutes les nationalités d'Europe sont représentées – les juifs étant expédiés dans les camps de Pologne pour être exterminés. Si l'on excepte, tout à la fin, quelques rares rescapés des camps de Pologne, il n'y a pas de juifs à Buchenwald : c'est encore une caractéristique du camp. À partir de là, se crée une espèce de... non pas de complicité – ce serait un mot absurde et presque ignoble –, mais pour mener cette grande ville de cinquante mille habitants, on préfère s'appuyer sur les détenus allemands plutôt que sur les Tchèques, les Polonais, les Français, les Italiens, les Espagnols, les Yougoslaves...

D'une certaine façon, même si la formule est horrible et ne rend pas compte du réel, il y a une sorte de complicité objective entre les deux totalitarismes, l'organisation clandestine communiste permettant au camp nazi de fonctionner – un camp voué à la production de guerre contre l'URSS...

La réponse des communistes allemands, que j'aurais faite en 1944-1945 à Buchenwald et que je refais aujourd'hui, en la reprenant à mon compte et en la situant dans ce contexte, est une réponse très concrète et très précise : de toute façon, les usines auraient tourné. L'alternative n'était pas entre le fait que l'usine tourne ou ne tourne pas, mais qu'elle tourne régie par les contremaîtres, la direction allemande civile et les SS, ou bien par des déportés, détenus, prisonniers ; les communistes et leurs alliés *ou* les droits-communs et leurs alliés. C'était ça le dilemme.

La thèse des communistes allemands, que j'approuve – sans jamais oublier que nous sommes tout le temps sur le fil du rasoir –, s'appuie sur une vieille méthode bolche-vique, léniniste, qui consiste à occuper toutes les positions légales permettant d'intensifier la lutte révolutionnaire de rup-ture du consensus social. À s'incruster dans l'appareil pour l'utiliser et le dévier. On a certes produit des carabines. Mais 60 % de ces carabines étaient inutilisables du fait du sabotage organisé tout au long de la chaîne. Les archives le prouvent. Cette tactique a aussi permis de sauver des cadres de la Résis-tance et de futurs dirigeants des pays occidentaux, Marcel Dassault notamment qui, à cette époque, s'appelait Marcel Bloch.

C'est Henri Frager, le chef du réseau « Jean-Marie Action » retrouvé là-bas, qui, avant d'être fusillé, me l'a signalé : « Il y a là un vrai résistant, Marcel Bloch, qui va mourir parce qu'il est dans un commando terrifiant. Prévenez vos amis communistes français qu'il faut faire quelque chose pour lui. » Il a été sauvé. Je donne cet exemple, il y en a d'autres.

Pourquoi ai-je parlé de fil du rasoir ? Parce qu'il suffit de la moindre inadvertance, de la moindre faiblesse pour transformer ça en complicité. Et il y a des gens qui l'ont fait, des kapos communistes allemands qui ont été des collaborateurs du système. Certains, une minorité, ont même pris des habitudes des nazis, c'est-à-dire qu'ils frappaient.

Il est difficile de comprendre comment ce sys-
tème fonctionnait au jour le jour. Vous étiez

sous le contrôle du pouvoir le plus absolu, le plus effrayant, sous l'œil des SS. Et vous arriviez à vous jouer des geôliers les plus terribles de l'Histoire...

Nous sommes en 1944-1945 et même chez les SS, on commence à savoir qu'il n'est pas évident que la guerre puisse être gagnée par le IIIe Reich. Dès lors, des préoccupations personnelles se font jour, prévalant sur la fidélité idéologique. La hiérarchie SS se soucie de l'avenir, et les contraintes de la guerre mobilisent la plupart des jeunes effectifs sur le front de l'Est.

En même temps qu'un camp de concentration, Buchenwald était la base logistique de la division *Totenkopf* (Tête de mort), qui y avait ses casernes. Or, ces SS sont de moins en moins présents : beaucoup d'entre eux partent pour les divers fronts, surtout le front russe. On peut constater tout ça : ce camp est une enceinte électrifiée d'où les commandos sortent pour aller travailler, où ils rentrent à une certaine heure de la soirée, où ils sont enfermés : les SS n'y viennent plus. De cette enceinte électrifiée, surveillée par des miradors, des mitrailleuses et des projecteurs qui la balayent toute la nuit, les SS sont absents. Ils ont peur de ce camp. Nous sommes donc les maîtres, à l'intérieur.

Ceux que vous appelez, dans L'Écriture ou la Vie, *« les gens du dedans ».*

Oui, les gens du dedans. Laissez-moi vous raconter, mieux qu'une anecdote, un événement qui permet de prolonger la réponse à ces questions que vous posez, qui sont pour moi fondamentales : « comment ça fonctionne ? » et surtout : « qu'est-ce que ça signifie ? ». Dans *L'Écriture ou la Vie*, je rapporte que je suis convoqué à une réunion de cadres communistes pour écouter le témoignage d'un survivant du *Sonderkommando* d'Auschwitz qui nous décrit le fonctionnement des chambres à gaz et le processus d'extermination des juifs. Je ne l'ai pas dit dans ce livre parce que c'était encore un autre sujet, mais je tiens à préciser qu'à cette réunion assistaient des cadres communistes de plusieurs nationalités, mais pas de Français – peut-être parce que aucun d'entre eux ne parlait assez bien l'allemand.

Il y avait Josef Frank, devenu plus tard secrétaire général adjoint du Parti communiste tchécoslovaque et qui a été pendu à l'issue du procès Slansky. Il y avait Ernst Busse, qui était le kapo de l'infirmerie de Buchenwald, ce communiste allemand qui, en 1950, a été pris dans la machine répressive soviétique, condamné par un tribunal soviétique et qui est mort dans un camp du Goulag. Ces gens qui sont réunis là risquent tout. La réunion est complètement illégale. C'est en toute liberté qu'à ce moment-là ces communistes nous font entendre un témoignage contre leur pays, contre leur nation, leur peuple, en tout cas contre l'Allemagne. Et ils vont aller jusqu'au bout de la servitude volontaire, puisqu'ils avoueront plus tard – c'est pour ça qu'ils ont été exécutés – des crimes qu'ils n'ont pas commis. Là, nous sommes devant le grand mystère, abominable et merveilleux.

Abominable et merveilleux... Pourriez-vous revenir sur le cas de l'infirmier Busse, qui me semble tout à fait exemplaire ?

Il a géré l'infirmerie du camp, c'est-à-dire un des endroits les plus importants et les plus risqués pour la Résistance et la clandestinité : il lui revenait d'admettre ou ne pas admettre certaines personnes, de gérer cet hôpital au mieux des intérêts de la collectivité des déportés, d'éviter les représailles et les injections mortelles que les SS voulaient faire à certains malades pour les éliminer...

C'était un des lieux où le conflit SS/déportés était le plus intense et constant. Et c'était un endroit propice à la corruption, parce qu'il y avait un régime spécial pour certains malades. D'où la possibilité de chaparder, d'« organiser », comme on disait dans le langage du camp, c'est-à-dire de voler de la nourriture.

D'après toutes les données que j'ai retenues, et celles qu'on a recueillies par ailleurs, Busse a exercé ses fonctions au mieux des intérêts de la collectivité. Je ne veux pas dire par là que l'on ne puisse pas lui reprocher ceci ou cela, mais à quel déporté de 1937 à 1945 ne peut-on pas imputer telle ou telle faiblesse ou telle ou telle erreur d'interprétation ?

Le même homme entame en 1945 une carrière politique en Allemagne de l'Est, en zone d'occupation soviétique. Et un beau jour, le voilà pris dans la nasse. Il disparaît et ne reviendra jamais de Vorkouta, l'un des camps de l'archipel du Goulag. Destinée exemplaire dans l'histoire tragique du communisme allemand, qui n'a pas su empêcher l'arrivée d'Hitler au pouvoir, qui y a même contribué par sa politique sectaire envers la social-démocratie et par sa stratégie « classe contre classe », qui a souffert plus que les autres de la répression nazie, qui a survécu au pacte germano-soviétique, qui a quand même structuré une résistance intérieure dont ce militant, déporté par les nazis, fut l'un des acteurs avant de finir victime de la répression soviétique... Existence exemplaire, qui résume les tragédies de ce XXe siècle.

J'ai travaillé sur l'histoire des jésuites. On y trouve des dévouements du même ordre, mais les jésuites pensent que s'ils sont torturés un jour, au Québec ou ailleurs, ils seront à la droite du Père le lendemain. Pour les communistes il n'y a pas de « droite du Père ». Il y a les lendemains qui chantent pour d'autres. On est à la limite même du sacrifice humain. Ailleurs on parlerait de sainteté...

Je ne peux manquer, à une époque où la mode est de comparer les deux totalitarismes, le communiste et le fasciste, ou nazi, de vous demander si l'on peut imaginer un saint nazi. Pouvez-vous, vous qui êtes romancier et venez d'un pays fertile en canonisés, imaginer un saint nazi comme je vous ai entendu suggérer l'existence de saints communistes ?

Non, c'est impossible. Je crois personnellement que le concept de totalitarisme doit englober, pour l'analyse comparative, aussi bien le fascisme nazi que le communisme stalinien, car ledit concept nous permet de distinguer ces deux systèmes de la démocratie. Mais quoi qu'on en dise, le totalitarisme stalinien a vraiment détruit la bourgeoisie capitaliste, et c'est pourquoi il est si difficile de reconstruire une économie de marché et la société civile qui lui est liée dans les pays de l'ex-URSS. Il était beaucoup plus facile de les reconstruire dans les pays libérés du fascisme, parce que, quoi qu'aient prétendu les démagogues « révolutionnaires » du nazisme, ils n'ont pas détruit le capital et la propriété privée. Différence fondamentale.

Je ne prétends pas que c'est mieux ou moins bien, je dis que c'est différent. Différence fondamentale aussi dans les personnels militants. Il est impossible de comparer point par point un militant fasciste ou nazi et un militant communiste. Je ne peux pas nier qu'il y ait eu des jeunes qui, attirés un temps par le nazisme ou le fascisme, ont évolué, en sont sortis, bien sûr que non. En Italie, il y a même des dirigeants communistes qui ont eu un passé de quelques mois ou de quelques années dans les jeunesses fascistes. Cela se comprend dans un mouvement de masse révolutionnaire comme celui-là...

Vous ne citez pas l'Espagne parce que le franquisme n'était pas vraiment un fascisme espagnol ?

Très peu, en vérité. Le phalangisme espagnol n'a pas pris cette forme. Il est devenu plutôt, après l'unification de tous les groupes par Franco sous le nom de Phalange, un appareil bureaucratique de pouvoir et d'arrivisme social. Ce qui constitue un mystère « abominable et merveilleux », c'est que les militants, aussi aliénés qu'ils fussent d'un côté comme de l'autre, l'étaient, du côté communiste, par et pour une grande cause. Ils n'étaient pas racistes, ils n'étaient pas antisémites – même si le système l'était et a utilisé le vieil antisémitisme russe pour se renforcer dans certains cas, et même si, comme certains documents tendent à le prouver, Staline préparait, à la fin de sa vie, le déclenchement d'une purge antisémite. Mais ce n'étaient pas les raisons du militant.

Vous insistez sur les convergences entre communistes et nazis. C'est minimiser une différence essentielle par rapport à la destruction de la société civile et de la propriété privée, et aussi par rapport à la qualité des militants. Même aliéné, un militant communiste l'est en fonction de données qui ne sont pas les mêmes que celles qui motivent un nazi. C'est pourquoi on peut parler avec un ex-stalinien, alors que pour la plupart des gens normaux, décents, il est très difficile de parler avec un ex-nazi. Qu'on puisse le faire avec un ancien communiste n'excuse pas les horreurs du stalinisme, pas du tout. Mais quand on utilise le concept de totalitarisme englobant fascisme et communisme, il faut faire la distinction...

En tout cas, vous, Jorge Semprun, quand vous vous libérez du camp de Buchenwald, ayant reconquis votre liberté grâce à l'organisation, du fait de votre courage et de votre résistance – vous n'êtes pas moins communiste que quand vous y êtes entré. L'expérience du camp a plutôt affermi en vous les convictions communistes...

Absolument. Mon expérience politique du camp a eu plutôt un effet de durcissement. Le mot « stalinisation » signifie proprement « durcissement » : *staline*, c'est « acier » en russe ; ce n'est pas pour rien que Joseph Djougachvili a fait de ce métal son pseudonyme, qui implique le durcissement, la métallisation, la minéralisation de l'idéologie. Ce durcissement, je l'ai ressenti, quitte à préserver mon jardin privé, celui de la littérature et de la culture, que j'ai toujours gardé par-devers moi. Je n'ai jamais cru que le réalisme socialiste était la vraie théorie esthétique, que Fougeron était le meilleur peintre du monde, ni que Kafka était à brûler. Mais excepté ce jardin privé qui, évidemment, fait de moi un hétérodoxe

– éventuellement tolérable –, il est vrai que ma stalinisation s'est opérée au camp, et a commencé pour moi à se défaire, à se dégeler et à m'entraîner dans un torrent de critiques à partir du moment où il est apparu que les nazis n'étaient pas les seuls concentrationnaires et qu'il y avait les camps staliniens.

Redécouverte de la liberté

Jorge Semprun, nous avons consacré notre dernier entretien à votre vie (si l'on peut dire) à Buchenwald, qui, beaucoup plus qu'une survie, était une lutte constante pour vous construire et pour construire la société libre. Mais votre liberté à vous, comment la retrouvez-vous ? Et quand ?

Je la retrouve au mois d'avril 1945 et j'essaie à ce moment-là de me réintégrer le plus vite possible dans la vie normale. J'ai pensé le faire à travers l'écriture, puisque écrire était mon projet vital. Mais cette tentative échoue, parce que, comme je l'ai dit plusieurs fois, il était impossible de survivre à « ça » perpétué par la seule écriture. Et ce constat me pousse vers l'action politique. C'est ainsi qu'aujourd'hui, je reconstitue cette mutation. Je ne l'ai pas vécue dans cette clarté-là, c'était plus obscur pour moi-même.

La politique a d'abord pour cadre la France, puisqu'en sortant du camp vous êtes transporté à Paris.

Oui, j'arrive à Paris et j'y reste comme réfugié politique. Mais mon obsession, mon projet, c'est de travailler en Espagne dans l'organisation du Parti communiste.

En attendant, à la Libération, avant le retour en Espagne, vous entrez au PC français.

Pendant une période, j'ai été assez fou pour être à la fois membre du PCF et du PCE. Mais bientôt il a fallu choisir. Mon choix à moi, c'était le retour en Espagne, le retour à l'activité politique dans le pays de mon enfance. Décision où se mêlaient la politique, la nostalgie, la fin de l'exil, fût-ce sous la forme de la clandestinité. Bientôt, je n'ai plus été que militant du PCE, gravissant peu à peu les échelons de cette hiérarchie compliquée, jusqu'au jour où, en 1953, après plusieurs années de mise à l'épreuve, mon profil a correspondu au portrait-robot du militant dont le PC espagnol avait besoin pour s'imposer parmi les intellectuels et les étudiants de mon pays.

Quand j'ai commencé à travailler dans ce milieu, il n'y avait rien. Ç'a été passionnant de voir surgir une organisation qui progressivement s'implantait dans les universités, qui peu à peu comptait des dizaines, puis des centaines de militants. Nous avons créé une organisation qui a été capable de faire bouger les universités espagnoles, de dynamiser le milieu culturel. Il ne faut pas oublier que le grand cinéma espagnol des années du franquisme a été l'œuvre de gens comme Juan Antonio Bardem, comme Carlos Saura, qui étaient des militants communistes. Il ne faut pas oublier ça.

Pas seulement sympathisants, militants ?

Militants. Absolument.

Il est vrai que la complexité de cette société progressiste encore encadrée par le franquisme n'a pas encore été tout à fait décrite, la multiplicité des courants qui la traversaient...

C'était un cadre de travail très passionnant, avec les risques du métier bien entendu. Le risque d'être arrêté.

Votre départ de Paris pour l'Espagne et la clandestinité a-t-il été le fruit d'une décision personnelle ou bien d'un ordre du parti ? Étiez-vous réclamé par le PCE ?

On ne peut pas, dans une organisation comme le Parti communiste, décider tout seul, improviser… C'était une décision du Bureau politique. Comme je l'ai dit tout à l'heure, je correspondais tout à fait à ce dont le parti espagnol avait besoin. Je n'avais pas d'antécédent policier. J'étais un inconnu. Aucun vieux militant communiste ne me connaissait, ne pouvait parler de moi, ne pouvait, par faiblesse ou par imprudence, révéler ma piste. J'étais relativement cultivé, bilingue ou trilingue… Dans une première période, j'ai vécu clandestinement en Espagne comme si j'étais français, avec des papiers français. Après, petit à petit, je me suis intégré comme un poisson dans cette eau de la clandestinité et j'ai vécu avec de faux papiers espagnols.

Le passage de la frontière ne m'a posé aucun problème. Je pouvais très bien, au moindre interrogatoire de la police des frontières, répondre en français comme un

Français, porteur d'un passeport français falsifié. Je correspondais exactement à ce dont le parti avait besoin. Ainsi c'est à la fois un choix politique collectif qui m'a poussé vers ce travail et un choix personnel.

À cette époque-là, n'y a-t-il pas une distance entre le PCF et le PCE ? Celui-ci n'est-il pas moins stalinien que le PC français ?

Sur l'essentiel, je ne pense pas. Mais les besoins du combat, la nécessité de s'ouvrir vers de nouvelles générations et de sortir du ghetto où les conséquences de la guerre civile et de la répression avaient enfermé le Parti communiste espagnol, ont fait qu'il a été, en effet, sinon dans son essence d'organisation et de pensée, du moins dans sa pratique, beaucoup moins stalinien que son homologue français. D'une certaine façon, on a fait de nécessité vertu. Un seul exemple vous permettra de comprendre ce que je veux dire : le Parti communiste espagnol est, je crois, l'un des rares partis d'Occident où le rapport critique attribué à Khrouchtchev a été considéré comme vrai, et discuté comme tel. Et on en a tenu compte.

C'était un signe.

En 1956.

Le mensonge était donc moins pratiqué au PCE qu'au PCF, au moins sur ce plan-là ?

En effet. Le PC espagnol était aussi un parti stalinien dans le sens où il était soumis aux orientations et à la discipline de Moscou, dès lors que l'Internationale communiste n'existait plus. Et très fidèle aux directives de la politique étrangère soviétique. Mais dans sa pratique quotidienne, le besoin d'élargir sa base et de conquérir la jeunesse le rendait beaucoup moins rigide, beaucoup moins sectaire.

Santiago Carrillo émerge-t-il dès ce moment-là comme le personnage central du PCE ?

Dès ce moment-là, oui. Parce que Carrillo, en exil, avait réussi à contrôler et maintenir le travail à l'intérieur, en Espagne même, où il était responsable du travail clandestin. Il tenait le levier de commande le plus important. Et c'est ce levier-là qu'il a utilisé, avec beaucoup d'intelligence tactique et beaucoup de persévérance, pour conquérir, plus tard, le pouvoir absolu dans le PCE.

En tout état de cause, c'était un personnage de grande stature...

Personnage de grande dimension historique mais avec d'énormes faiblesses : sa vanité, son incapacité à évoluer. Mais il émergeait, parmi les cadres dirigeants de l'époque, comme le plus capable, sans aucun doute.

Peut-on dire que Carrillo aura rempli son rôle historique, quelles que soient les critiques que l'on puisse faire sur les méthodes, en ranimant une dynamique révolutionnaire à l'intérieur de l'Espagne ?

Il aura rempli son rôle historique de deux façons : d'abord en assurant au Parti communiste espagnol une influence considérable dans la clandestinité, ensuite en détruisant ce parti quand l'Espagne est devenue une démocratie. Comme les poissons que l'on sort des grandes profondeurs et qui éclatent à la surface, le « carrillisme » n'a pas supporté la démocratie. C'est paradoxal, mais c'est comme ça. Il a donc accompli son rôle de deux façons : d'abord comme constructeur, ensuite comme liquidateur du parti dans la démocratie espagnole...

Liquidation ou immersion ? N'a-t-il pas consciemment voulu fondre dans la société espagnole ce parti qui n'y n'était pas vraiment tolérable tel quel ?

Non, pas consciemment. Sa stratégie a abouti à un échec. Carrillo a bien essayé de le fondre, justement, à partir des théories de l'eurocommunisme. Il n'a pas réussi parce qu'il n'a jamais transformé les procédures internes. L'absence de démocratie interne était justifiée, ou du moins explicable, pendant la période de clandestinité – parce que celle-ci n'est pas propice au débat permanent, il y faut beaucoup de discipline militaire. Carrillo n'a pas su opérer cette transformation. Le parti s'est vraiment dissous, pas par sa propre volonté mais par la volonté des Espagnols.

Quand vous rentrez en Espagne, Jorge Semprun, avec un passeport et sous un nom français, vous êtes d'abord un voyageur français.

Je suis d'abord, pendant quelque temps, un voyageur français qui se déplace, prend des contacts et peut pratiquement toujours donner une raison touristique à ses déplacements. Quand je m'installe pour plusieurs mois à Madrid, évidemment, il me faut le faire comme un citoyen français muni d'un vrai-faux passeport français fourni par quelque militant.

Sous un nom d'emprunt, évidemment ?

Pour chaque voyage je portais un nom différent, muni de vrais passeports de personnes dont on changeait seulement la photographie. Ensuite, il m'a fallu d'autres papiers d'identité, espagnols. Ma carte d'identité a été fabriquée par les ateliers du Parti communiste, passé maître dans la falsification des papiers. La carte d'identité espagnole est depuis très longtemps plastifiée, imprimée avec quinze ou seize couleurs différentes... Mais tout ça était tellement parfait que quand j'en ai eu une vraie, lorsque j'étais ministre, je trouvais qu'elle était moins bien faite que celle que nous fabriquions dans la clandestinité...

Votre premier pseudonyme de clandestin est Federico Sanchez ?

Mon premier pseudonyme a été Federico, pour les voyages. Et puis un jour, il a fallu donner un nom à ce prénom, puisque j'étais devenu membre du Comité central, puis coopté au Bureau politique du parti espagnol. Fonctions qui supposaient, bien sûr, que je n'aie pas seulement un prénom, mais aussi un nom. Le nom de Sanchez a été choisi je ne sais pas par qui, comme ça : Sanchez, c'est le Dupont ou le Durand espagnol, tellement banal et courant... Ça me plaisait bien, d'ailleurs, cette banalité.

Federico, à cause de Lorca ?

Sûrement. J'ai beaucoup utilisé des noms d'écrivains dans la clandestinité. Je me suis aussi appelé Larrea à cause d'un grand écrivain, peu connu en France, qui était bilingue lui aussi. J'ai beaucoup utilisé ces noms dans mes papiers clandestins. Des clins d'œil.

Quel est le style de vie du clandestin, à ce moment-là, en Espagne ? Vous faisiez semblant de faire quoi, en dehors de vos rendez-vous dans des hôtels périphériques ?

Dans une première période, je n'avais pas de domicile fixe clandestin. Le parti n'avait pas encore les moyens de mettre des appartements à la disposition de ses cadres et de ses militants. C'est plus tard que nous en avons eu. Je vivais, comme beaucoup en Espagne, dans des pensions de famille, des familles qui, pour arrondir les fins de mois, louaient une ou deux pièces de leur grand et vieil appartement à des étudiants ou à des gens qui venaient préparer un concours universitaire. J'étais censé arriver d'une autre province que Madrid, de Santander, par exemple, d'endroits que je connaissais bien pour pouvoir répondre à des questions, bien entendu. Et je vivais.

Je devais partir le matin à neuf heures en faisant semblant de faire quelque chose, aller à la bibliothèque ou travailler, rentrer de temps en temps dans la journée, mais pas systématiquement. Je rentrais à l'heure où les bibliothèques ou l'université fermaient. Je remplissais mes journées avec quatre ou cinq rendez-vous, parfois plus, parfois moins, et le reste du temps, je traînais en ville. De là ma connaissance approfondie de Madrid, de ses musées, de ses bistrots, de ses bibliothèques, et des endroits publics où l'on peut se réfugier...

Lors d'un précédent entretien à propos de la Résistance en France, en Bourgogne, nous avons parlé du « poisson dans l'eau », de l'atmosphère où opère le clandestin. Le militant clandestin communiste dans l'Espagne de Franco a-t-il retrouvé l'atmosphère du poisson dans l'eau dans la France de Pétain ?

Pas du tout au début. Les années cinquante, c'est-à-dire à partir de 1953, étaient encore une période où la simple mention du communisme, du Parti communiste, provoquait la panique. Pesait encore le souvenir de la répression, qui avait été très dure pendant la guerre et pendant au moins une décennie après la guerre. Peu à peu, sous l'influence des événements extérieurs, de ce qui se passait en Europe et dans le monde, on a pu se sentir comme le poisson dans l'eau. Mais c'était bien tard pour moi : j'ai été exclu du parti en 1963, après une décennie de travail clandestin en Espagne…

Les militants socialistes espagnols étaient-ils accueillants ou vous tenaient-ils pour de méchants staliniens ? Y avait-il une fraternité populaire ?

Il n'y avait pas de militants socialistes, ou très peu. À partir de 1956 est apparue une nouvelle génération de militants qui n'étaient pas directement liés à Toulouse, où était basé le Parti socialiste en exil. Ils ont commencé à surgir à l'université, dans certaines usines... L'actuel secrétaire général de l'OTAN, par exemple, Javier Solana, est un membre de l'Association des étudiants socialistes de cette période-là. Après avoir été emprisonné sous Franco, il a dû s'exiler aux États-Unis pour faire ses études. L'université de Madrid lui était fermée par le franquisme. Des contacts ont été pris à partir de 1956, 1957, 1958. Mais nos relations avec les vieux militants socialistes de la clandestinité étaient très difficiles, très compliquées.

Même avec un homme comme Tierno Galván, par exemple ?

Tierno Galván est un professeur d'université qui a évolué vers le socialisme, puis créé son propre parti socialiste, qu'il a fondu ensuite dans le parti officiel, contrôlé déjà par Felipe González et les nouveaux dirigeants. Mais il n'était pas du tout sous la dépendance de « Toulouse », comme on disait. Il était vraiment très autonome par rapport aux vieux bonzes de la social-démocratie exilée.

Le militant clandestin que vous êtes, qui a pris des risques terribles, est exclu du Parti communiste. Pourquoi ?

Le processus d'exclusion a été assez long. Comme mon processus d'évolution… Pour le résumer, on peut dire que, pendant très longtemps – à partir de 1956 et du XXe congrès du Parti communiste soviétique –, j'ai dû réprimer en moi des doutes et des critiques très forts sur la nature de l'URSS, sur la stratégie mondiale de Moscou et sur la société soviétique. Sur l'idéal même, sur le projet. Mais je mettais moins en doute certains aspects de la stratégie du PC espagnol, qui ont beaucoup contribué à faciliter la transition pacifique, des années plus tard, même si cela s'est fait dans des conditions qui n'étaient pas prévues par le parti, c'est-à-dire l'abandon de la lutte armée, de la violence terroriste, et le choix d'une stratégie de lutte de masse pacifique, qui a été le grand virage des années 1948-1949.

Ce virage serait trop long à expliquer maintenant. Ç'a été un acquis fondamental, mais il est arrivé un jour où même cette tactique s'est avérée inefficace, gênée par une vision trop subjective des choses, par une idéalisation des conditions de la lutte, par un opportunisme subjectif, par un aveuglement sur la transformation profonde de l'Espagne, par un certain populisme misérabiliste, alors que l'Espagne était en train de changer d'une façon radicale.

La rupture s'est produite le jour où a disparu le seul argument qui me faisait tenir encore dans cette organisation : l'efficacité de sa lutte en Espagne. Vous me demandiez l'autre jour à quel moment je me suis dit « Je suis marxiste », et je vous ai répondu : après la lecture d'*Histoire et conscience de classe* de Lukács. Je peux aussi préciser le jour où je me suis dit « Je ne suis plus communiste ».

Au cours de l'été 1960, une délégation du parti espagnol conduite par Carrillo et dont je faisais partie a été reçue à Moscou par le Grand Idéologue de l'orthodoxie soviétique, Mikhaïl Souslov : une « réunion fraternelle », comme on disait. J'ai découvert à cette occasion que pour lui, le Parti communiste espagnol n'était qu'un instrument dans la politique mondiale de l'URSS. Alors que

Carrillo venait d'exposer la stratégie (au demeurant inspirée de la politique soviétique) de lutte de masse pacifique et de mobilisation syndicale, Souslov a tenté pendant une heure de nous démontrer qu'il fallait conserver la possibilité de revenir à la lutte armée. Il y avait dans cette vision du monde une incroyable légèreté. Nous demander de préparer la lutte armée, pourquoi ? Parce que dans sa pensée à lui – il était très clair dans ses propos – l'URSS pourrait un jour avoir besoin d'un foyer de troubles... Je lui ai dit qu'il était impossible de continuer à travailler sur de telles bases. C'est vraiment ce jour qu'a commencé la discussion qui a abouti à mon exclusion du parti.

J'imagine qu'il est très douloureux d'être exclu.

Douloureux... non, compliqué plutôt, parce qu'on est persuadé d'avoir raison...

Quand on est exclu, on croit que le parti en lui-même est réformable, qu'avec d'autres dirigeants, d'autres idées… Plus tard seulement on comprend qu'il est absolument impossible à réformer, à rénover ou à moderniser. Les partis communistes tels qu'ils sont conçus dans le moule kominternien, stalinien, il faut les détruire, pour reconstruire autre chose. Mais il faut les détruire. Tant qu'on n'a pas compris cela, c'est douloureux, parce qu'on se dit : « Voyons, c'est clair, ils ont tort, nous avons raison. » Si je dis « nous », c'est que je n'étais pas seul, nous étions plusieurs au sommet du Parti communiste espagnol à vouloir changer de stratégie.

L'Histoire nous a donné raison beaucoup plus tard, la transition s'étant opérée en Espagne exactement comme nous disions qu'elle pouvait le faire, et non pas comme Carrillo le pensait. Il a changé de tactique sous la contrainte de la réalité en

1975-1976, mais il aurait pu nous écouter quinze ans auparavant.

Pardonnez-moi de faire un très brutal bond en avant : comment le PCE a-t-il réagi à votre désignation comme ministre du gouvernement de Felipe González ?

C'était une période tout à fait différente. Carrillo n'était plus aux affaires. Il avait d'abord quitté le Parti communiste, puis créé un autre parti, qui bien entendu avait échoué. Il était retiré de la politique. Il apparaissait dans certains colloques, certaines émissions de radio et de télévision, comme un témoin du passé, une des dernières personnes vivantes qui avaient eu affaire avec Dimitrov et Staline et qui avaient quand même contribué à la transition avec le roi d'Espagne et Adolfo Suarez. Carrillo était un témoin historique, quelles que soient les falsifications qui entachent ses *Mémoires*.

S'agissant de mon entrée au gouvernement, les dirigeants du Parti communiste n'ont pas du tout réagi de façon négative. Ils ont accepté cette situation sans me faire la guerre.

Vous n'êtes pas dénoncé comme traître, promu par la bourgeoisie ou ses collaborateurs ?

Non. J'ai même, en tant que ministre, eu des rapports avec certains de mes anciens camarades, qui étaient restés au Parti communiste. Le ton avait beaucoup changé. Il y avait une autre façon d'envisager les choses.

Puisque nous en sommes au ministre, gardez-vous de ce passage au pouvoir un souvenir positif ? Vous l'avez quand même quitté rapidement. Parce que cette expérience-là aussi était décevante ?

L'expérience était pour moi très intéressante, je dirais presque passionnante. Mais il est évident que pour un écrivain, il est difficile d'être très longtemps ministre...

C'est, après Chateaubriand, ce que Malraux disait, sans en tirer, l'un ou l'autre, la conclusion.

C'est une vérité évidente. C'est difficile. D'ailleurs, je ne voulais pas rester au gouvernement très longtemps. Mais il est vrai que je suis vite entré en conflit avec l'appareil du Parti socialiste, non pas en tant que ministre de la Culture, mais en tant qu'homme politique indépendant, inscrit dans aucun parti.

Ce n'est pas avec Felipe González que j'ai eu des conflits politiques, mais avec l'appareil du Parti socialiste, qui avait, à mon avis, une vision un peu archaïque de l'évolution de l'Espagne, une conception trop patrimoniale du pouvoir, une absence d'idées neuves et d'esprit de rénovation. Le pouvoir use. Il y avait déjà dix ans que les socialistes étaient au pouvoir, il leur fallait rénover pour ne pas le perdre. Et là, j'ai eu sur ce thème un certain nombre d'affrontements avec eux. L'homme de l'appareil du PSOE, le numéro deux du parti, Alfonso Guerra, était vice-président du gouvernement. Il l'a quitté avant moi. J'ai donné ma démission parce que González m'a demandé de le faire pour éviter des conflits.

Je garde quand même de ce passage au gouvernement un souvenir positif. Je crois pouvoir mettre deux choses à mon actif, comme ministre : j'ai réformé un certain nombre de lois protectionnistes sur le cinéma et j'ai mis au premier plan de mon activité la reconnaissance des identités natio-nales (ou nationalitaires) culturelles espa-gnoles, catalane et basque. Tout ce qui se passe actuellement montre à quel point ce sont des problèmes clés...

Un mot encore à propos de ce rôle de ministre de la Culture. N'aviez-vous pas conscience que les Espagnols suivaient – ce qui ne leur arrive pas toujours, heureusement – l'exemple français, et que vous inoculiez à votre pays ce que certains appellent le vice français, la tendance à faire de la culture une dépendance de l'État ?

Oui, bien sûr, le ministère de la Culture a été créé par la démocratie espagnole en suivant l'exemple français et pour centraliser un certain nombre d'activités dispersées dans d'autres institutions ou d'autres administrations. Mais hélas, il n'y avait pas en Espagne que l'exemple français de centralisation et d'intervention dans la culture. Il y avait aussi la vieille tradition espagnole interventionniste du centralisme bureaucratique, du passé espagnol. C'est ça qu'il fallait changer. C'est là que la bataille a été un peu rude, parce que ces habitudes étaient prises depuis longtemps. Pour ma part, j'ai essayé de faire de l'appareil d'État l'instrument de la désétatisation de la culture espagnole.

Désétatiser par l'État...

Exactement.

Avec des résultats positifs ?

Avec des résultats positifs dans certaines branches. Dans d'autres les problèmes ne sont toujours pas encore résolus.

L'Espagne va, en tout cas, vers la reconnaissance croissante des cultures régionales...

L'un des paradoxes de la société espagnole actuelle, c'est que c'est la droite qui va être obligée de poursuivre cette politique liée à une tradition de gauche[1]. La reconnaissance

––––––––

1. Propos tenu en 1996. Plus actuel que jamais...

des autonomies et des nationalités espagnoles vient de la République, et a été poursuivie et développée pendant la guerre. C'est une tradition de la gauche en Espagne.

Mais c'est le roi qui en est le garant ?

D'après la Constitution, le roi est personnellement garant de l'unité de l'Espagne, que la gauche, la Constitution et certains textes espagnols qualifient de *nación de naciónes*, c'est-à-dire « nation de nations ».

C'est beau ! Vos relations personnelles avec le roi Juan Carlos étaient bonnes, et le restent ?

Elles ont été excellentes et restent très bonnes, avec le roi et la reine, qui a joué un rôle considérable dans toute cette période. Un rôle effacé mais considérable. Du fait de ses origines grecques, la reine Sophie, qui n'en parle jamais, bien entendu, a bien vu comment une dynastie peut perdre le pouvoir et être chassée d'un pays. Elle sait ce qu'il faut faire pour rester au pouvoir, incarner une certaine continuité, tout en se conformant aux règles de la démocratie.

Le grand voyage

En 1960, vous êtes donc exclu du système stalinien par la grâce de Mikhaïl Souslov, et vous voilà devant une vie nouvelle. Pour vous, si l'on peut dire, et vous en avez fait le titre d'un film magnifique, « la guerre est finie ». Ce qui veut dire que la littérature commence ?

Oui, d'une certaine façon. Il y a une coïncidence, à la fois très claire et un peu mystérieuse, entre la fin de la politique, la fin de l'illusion lyrique ou organique, et le retour vers l'écriture. J'ai écrit *Le Grand Voyage*, qui est mon premier livre, à Madrid, dans un de ces appartements clandestins dont je vous ai parlé. Appartement qui a été occupé après moi par le dirigeant communiste Julián Grimau. C'est là qu'il a été arrêté deux ans plus tard et fusillé par Franco.

Un sort qui vous était quasiment promis?

Non, je ne crois pas. Grimau a été fusillé non parce qu'il était un dirigeant politique de la clandestinité communiste, mais pour ses activités pendant la guerre civile. Il a été jugé en fonction de ses supposés « délits ». Il a été liquidé par Franco en raison de son rôle historique et non pas de son activité de dirigeant communiste dans la clandestinité. Pour un membre du Bureau politique du PCE, la peine était établie d'avance : vingt ans et un jour. Un jour, parce que dans la loi espagnole, ce jour additionnel rend plus difficiles les remises de peine et les libertés conditionnelles. *Veinte años y un día.* Nous savions que c'était le tarif.

*C'est un beau titre de livre pour vous[1]...
Mais nous en étions à votre retour à la vie.*

J'ai écrit *Le Grand Voyage* à Madrid, dans un appartement clandestin, pour des raisons de circonstances. J'étais chargé de tenir cet appartement pour moi et un couple qui avait été déporté à Mauthausen — ce camp en Autriche, très dur, dont nous avons déjà parlé, où ont été internés beaucoup de républicains espagnols. Ils ne savaient pas qui j'étais vraiment, ils ne savaient pas que j'étais Federico Sanchez. Ils me connaissaient sous un autre pseudonyme, celui de ma vraie-fausse carte d'identité espagnole. Ils me racontaient leur vie au camp, le soir, quand nous dînions ensemble au retour de ma journée de pérégrinations et de rendez-vous.

---

1. Semprun a publié un livre sous ce titre, *Veinte años y un día*, en Espagne en 2003, chez Tusquets Editores, puis en France en 2004 chez Gallimard, traduit par Serge Mestre, et repris en Folio en 2006. Les présents entretiens ont eu lieu en 1996.

Ils ne savaient pas que j'avais été déporté – et ils n'avaient pas à le savoir. Ils me racontaient Mauthausen qui est à la fois très différent de Buchenwald et très similaire.

Retour à l'écriture. Je trouvais qu'ils racontaient très mal et que c'était dommage de raconter si mal. Et brusquement, en trois semaines, j'ai écrit dans cet appartement clandestin le grand voyage vers la déportation que je n'avais pas pu écrire quinze ans avant. C'est venu très facilement. La transition s'est faite là : la politique a disparu – façon de parler !

L'écriture est revenue.

Gallimard a publié *Le Grand Voyage* en 1963. Au moment où le livre a paru, j'ai lu *Une journée d'Ivan Denissovitch*, le récit de Soljenitsyne sur les camps, enfin autorisé dans la période, plus libérale, du khroutchévisme. Je me suis alors rendu compte qu'il me fallait réécrire mon témoignage, rédigé avec l'innocence de la période où cette expérience avait été vécue, c'est-à-dire dans l'idée qu'il n'y avait que les camps nazis, qu'il n'y en avait jamais eu d'autres. Il me fallait insérer cette mémoire dans la connaissance des camps soviétiques de la même période. *Quel beau dimanche* vient à peu près dix ans plus tard…

Je ne l'ai pas rédigé en trois semaines comme *Le Grand Voyage*, j'ai mis des années. C'était beaucoup plus difficile.

Et encore plus digne d'admiration… Vous êtes-vous senti engagé dans une sorte de dialogue avec Soljenitsyne ? Vos deux expériences sont-elles plus ou moins fraternelles ?

Il y a quelqu'un que je crois encore plus impressionnant comme écrivain des camps, c'est Varlam Chalamov, dont les *Récits de la Kolyma* ont été publiés en France[1]. À mon

---

1. LGF, « Le Livre de poche », trad. Catherine Fournier, 1990.

avis, c'est peut-être le plus grand écrivain du monde concentrationnaire, tous régimes confondus.

Y compris Primo Levi ?

Y compris Primo Levi. Enfin, c'est difficile à dire. Et puis c'est absurde. Mais la beauté, l'acuité, la concision littéraire de Chalamov racontant ses petits récits qui, peu à peu, les uns après les autres, forment une fresque incroyable de l'univers de la Kolyma... Ce n'est pas un camp fermé comme les camps nazis, c'est un univers, c'est une zone entière avec des mines, des villes, etc. Cette évocation est d'un grand écrivain.

Votre Federico Sanchez s'inscrit donc entre ces grands témoignages sur les camps. La lutte clandestine contre le franquisme se situe dans une sorte de parenthèse dans les grands livres sur les camps.

Federico Sanchez[1] est un livre que j'avais décidé d'écrire en 1964, lorsque j'ai été exclu du Bureau politique et du Parti communiste espagnol à l'occasion d'une réunion de ses cadres dans un ancien château des rois de Bohême, près de Prague. J'avais décidé que je ne raconterais cette séance d'exclusion, et tout ce qui dans ma mémoire y était lié, que le jour où le Parti communiste aurait retrouvé la légalité en Espagne. Je ne voulais pas publier un livre contre le Parti communiste, contre certains aspects de la vie de ce parti et contre certains de ses dirigeants, pendant qu'il était engagé dans la lutte clandestine contre Franco. Ce n'était pas possible. Les militants n'auraient pas compris. Cela aurait été objectivement, comme on dit

---

1. *Autobiographie de Federico Sanchez* (paru en espagnol sous le titre *Autobiografía de Federico Sánchez*, Premio Planeta, 1977), Seuil, 1978, trad. Claude et Carmen Durand.

– c'est un adverbe lourd à manier –, un coup de poignard dans le dos.

Le moment est venu en 1977, quand le Parti communiste a été légalisé par Adolfo Suarez. Ce jour-là, on a compris que la transition démocratique avait vraiment commencé. Quelques mois plus tard, j'ai publié ce livre en Espagne.

C'est la ligne de conduite qu'avait suivie Malraux à propos du pacte germano-soviétique de 1939, qu'il n'a dénoncé qu'après la Libération. Jusque-là, il avait gardé le silence en dépit des injonctions de Raymond Aron.

Il a gardé le silence en partie, justement, par solidarité avec les Espagnols du *Frente popular*, aux côtés desquels il avait combattu, communistes compris.

Quelle est la part du roman dans Federico Sanchez *?*

Federico Sanchez est un livre écrit comme un roman mais où rien n'est romancé. C'est pour ça qu'il est très romanesque. On pourrait presque en dire ce qu'écrivait Boris Vian à propos du sien : « Dans ce livre tout est vrai parce que j'ai tout inventé. » Mais on dirait aussi bien le contraire. « Dans ce livre tout est inventé parce que tout est vrai. »

Vous êtes un écrivain bilingue. Situation assez étrange, assez exceptionnelle, que celle d'un auteur capable de s'asseoir à une table en se disant : « En quelle langue vais-je écrire mon prochain livre ? » Pensez-vous que c'est une chance, ou plutôt un risque ?

C'est une chance et un risque. Je ne m'assieds d'ailleurs pas à la table en me disant : « En quelle langue vais-je écrire ? » En général, c'est le livre qui commande, le thème qui choisit. Bien sûr, l'auteur peut prendre une décision personnelle : « Ce livre me demande d'être écrit en espagnol, mais je vais l'écrire en français. » Ou vice versa. Mais c'est vrai qu'*Autobiographie de Federico Sanchez* a été écrit en espagnol parce qu'il ne pouvait pas l'être en français. C'est un livre fondé sur des extraits de documents espagnols, sur une expérience espagnole, adressé aux Espagnols. D'ailleurs il a eu, en Espagne, un retentissement qu'il n'a pas connu en France. Il ne concerne mes expériences françaises que de façon très marginale ou latérale. Il concerne l'Espagne.

Il a eu un grand retentissement en Espagne ?

C'est mon seul vrai best-seller : plusieurs centaines de milliers d'exemplaires vendus dans mon pays.

Bravo !

Et qui continue à se vendre, parce que c'est un livre qui, d'une certaine façon, propose une vision critique différente de la légende communiste. Dans ce livre, je publie certains de mes écrits de jeunesse, qui sont des textes staliniens. Y compris des poèmes. Il m'arrive dans tel ou tel débat de m'entendre objecter : « Mais vous avez écrit telle chose ! », à quoi je réponds simplement : « Mais comment le savez-vous ? C'est parce que je les ai moi-même publiés ! » Ce sont souvent des textes inédits ou qui avaient été cités anonymement dans des publications communistes.

Si on sait maintenant qu'ils sont de moi, et que je les signe, c'est parce que je considérais que je ne pouvais critiquer, ou dénoncer qui que ce soit, sans faire d'abord ce travail à mon propos. Ce serait trop facile. On ne va pas donner de noms, mais que penser de ces anciens staliniens qui publient leurs Mémoires, brusquement touchés par la grâce, devenus libéraux, ou sociaux-démocrates. Oublier complètement son passé stalinien, c'est trop facile. Il me fallait donc mettre en avant le stalinien Sanchez pour passer à la critique des autres.

Revenons un instant au bilinguisme. L'écriture en français vous impose-t-elle un effort particulier ?

Pas du tout. C'est pour moi amusant d'écrire en français, parce que j'essaie d'y apporter une touche personnelle, de le faire en écrivain espagnol. L'espagnol aussi est une langue très belle, vous le savez très bien, Jean Lacouture, mais très dangereuse parce que si on la laisse aller, elle se met à parler toute seule comme... comme Dieu... ou comme Balthásar Gracián, c'est-à-dire d'une façon très baroque et grandiloquente. Il faut la dominer, la maîtriser, beaucoup plus que le français.

La langue française, du fait de sa structure, oblige à la limpidité, à la concision, à la précision et manque de pathétique : Cioran,

Beckett, Ionesco l'ont écrit et répété. À l'inverse, quand je recours à ma langue natale, j'écris, je crois, un espagnol un peu différent, *afrancesado*, francisé – je ne parle pas de gallicismes ou de solipsismes, mais dans le sens de la limpidité, de la maîtrise un peu sèche du langage.

Une troisième langue

Votre bilinguisme va très loin puisqu'il va jusqu'à l'utilisation d'un autre art que l'écriture, l'art des images, le cinéma. Vous êtes un des écrivains de cinéma majeurs de cette époque. Avez-vous cherché par là à élargir votre audience ? Pensiez-vous contribuer par un apport très spécifique, à l'élargissement de la culture contemporaine ?

Je l'ai d'abord fait par hasard, parce qu'Alain Resnais me l'a proposé après avoir lu *Le Grand Voyage*. À cette époque, Alain travaillait avec des auteurs qui n'avaient pas encore fait de cinéma. Robbe-Grillet,

Marguerite Duras… Je ne me compare pas à eux, mais enfin, chacun de nous était un écrivain, comme Jean Cayrol qui avait avant nous abordé le cinéma.

Alain Resnais ne voulait pas de scénaristes professionnels. Ayant trouvé *Le Grand Voyage* intéressant, il choisit d'en faire un film et me le propose. Hasard… Cela dit, l'expérience d'écriture pour le cinéma est très passionnante. Elle est complètement différente de l'écriture livresque. Il ne faut d'ailleurs pas essayer de les comparer et croire que la solitude et la maîtrise du romancier se retrouvent dans le scénariste-écrivain. C'est tout à fait autre chose. Mais c'est très intéressant.

Le seul problème pour moi avec le cinéma, c'est qu'à cause de *La guerre est finie*, et ensuite des films avec Costa-Gavas, *Z* et *L'Aveu*, je me suis retrouvé catalogué. On aime beaucoup les étiquettes dans tous les univers corporatifs. J'étais catalogué comme scénariste politique et j'ai beaucoup de mal à m'en débarrasser, alors que j'aimerais bien écrire des histoires du monde réel, mais pas forcément politiques –, des histoires d'amour, des histoires de jeunes gens qui ont affaire au monde actuel. Mais on me renvoie toujours à des thèmes politiques.

Ainsi, le film sur Jean Moulin, auquel vous travaillez actuellement ?

Oui, j'écris un scénario sur Jean Moulin, en y prenant le plus grand intérêt. D'abord il y a une polémique à son propos, il faut essayer de mettre les choses au clair. Ensuite, il y a un personnage dramatique extraordinaire, la mise en place longue et lente, presque objective, de la trahison qui va conduire à l'arrestation, comme une tragédie antique. C'est avec enthousiasme que j'écris ce scénario.

De part et d'autre des Pyrénées

Permettez, cher Jorge Semprun, que nous abordions ce sujet, pour moi passionnant entre tous, qui l'est plus encore pour vous, qui est l'étrangeté et la richesse du couple franco-espagnol – ou hispano-français. C'est une histoire aussi pathétique que celle des relations franco-allemandes. Vous en êtes une émanation, un fruit, une synthèse. Est-il difficile de vivre en Espagnol afrancesado, *un immergé, baigné dans la culture française qui a si souvent puisé dans les sources espagnoles, non sans en être la rivale, et parfois presque l'ennemie ?*

Cela peut être, parfois, difficile. Il m'est arrivé, comme écrivain et surtout comme ministre, d'être accusé, critiqué, voire mis en boîte ou insulté comme *afrancesado*. Cela signifie, littéralement, « francisé ». C'est un terme péjoratif dans le langage courant espagnol alors qu'objectivement, historiquement, c'est plutôt un compliment : les *afrancesados* étaient les libéraux, partisans de la Révolution française, ennemis de l'absolutisme. Goya est un *afrancesado*, par exemple. Quand on me disait ça dans des débats, je répondais toujours : « Oui, en effet, comme Goya, comme Buñuel. » Luis Buñuel était très fier de dire : « Je suis un *afrancesado* ! »

Mais c'est vrai qu'il y a un problème franco-espagnol dû à des rivalités historiques d'hégémonie entre l'Espagne et la France, cristallisées d'une façon brutale par les guerres napoléoniennes. L'invasion de l'Espagne par Napoléon a provoqué un très grand choc culturel et politique. Napoléon, c'est la modernité, mais c'est le monsieur qui arrive avec son armée pour reconquérir Madrid perdue par son pauvre frère Joseph, lequel était un roi libéral, mais assez maladroit du point de vue militaire. Madrid est donc mise à feu et à sang par Napoléon le 4 décembre 1808.

Mais dans la nuit, à Chamartín – à peu près là où est maintenant le stade de football Bernabéu, de cent vingt mille places, où joue le Real –, il signe trois décrets qui font de l'Espagne un pays moderne : abolition de l'Inquisition, des douanes intérieures et abolition des droits féodaux. La modernité arrive dans les fourgons de l'étranger. C'est la plus mauvaise façon de la susciter dans un pays. En Espagne, le sentiment patriotique antinapoléonien est donc aussi une réaction… réactionnaire, si l'on peut dire.

Vous osez dire : contre la modernité ?

Oui. Mais cette réaction antifrançaise est antérieure à Napoléon : j'ai lu ce petit quatrain dans un manuel de lecture historique de la classe équivalente de la sixième en France :

« San Luis rey de Francia es
El que con Dios pudo tanto
Que para que fue se santo
Le perdono el ser francés. »

« Saint Louis roi de France
Était si puissant auprès de Dieu
Que pour être saint
On lui a pardonné d'être français. »

C'est une très longue tradition.

Voilà qui va assez loin... Cette animosité persiste-t-elle ?

D'une certaine façon, mais de moins en moins. Il y a aujourd'hui une tout autre tradition, un autre rapport entre les deux pays.

Et puis il y a l'Europe. Quel que soit le gouvernement dans un pays ou dans l'autre, pour des raisons historiques fondamentales, on constate une coïncidence entre les positions européennes de la France et de l'Espagne. Le rôle de la France est plus important, tout le monde le sait. L'Espagne est beaucoup plus neuve en Europe, mais l'apport de Felipe González a été considérable pendant toutes ces années de gouvernement socialiste, qui a aidé à remodeler les conflits, à les dissiper, à créer de nouvelles structures d'entente, de nouvelles convergences d'intérêts.

Je n'en prends qu'un exemple : on traduit aujourd'hui en France la littérature espagnole comme on ne l'a jamais fait auparavant. Il n'y a pas si longtemps, connaître la littérature espagnole était le privilège des hispanistes. Aujourd'hui, de plus en plus d'écrivains de mon pays sont traduits, sont lus, connus et font des succès. Le changement est radical.

Un hispanophone comme Cela est resté à peu près ignoré en France pendant des décennies, avant de recevoir le prix Nobel, alors qu'il est un des grands écrivains de notre temps.

Absolument. Et il y en a beaucoup d'autres. On peut dire maintenant qu'il commence à y avoir des échanges, une connaissance de la littérature espagnole, en castillan et en catalan. Parce qu'on traduit aussi des livres du catalan : c'est un changement fondamental.

Avant de nous quitter, laissez-moi vous poser encore deux ou trois questions, presque « en vrac ». Aujourd'hui, par rapport au communisme que vous avez traversé, qui vous a brûlé, dont vous vous êtes libéré, comment vous situez-vous ? Vous le considérez comme un phénomène partiellement positif dans l'histoire du XXe siècle ? Pensez-vous qu'il aura été plus constructeur que destructeur ?

Il aura été beaucoup plus destructeur que constructeur. Beaucoup plus. Il aura gâché, bureaucratisé, brûlé des générations entières. Dans les pays où il a été au pouvoir – soixante-dix ans en Russie, trente ou quarante dans certaines démocraties dites populaires – il aura créé les sociétés les plus injustes, les plus opaques, les plus créatrices de privilèges.

Je n'ai fait que trois séjours en Union soviétique : en 1958, 1959 et 1960. J'y ai découvert la société la plus injuste, celle où les privilèges étaient les plus forts. Dans la grisaille de la vie de l'Union soviétique de cette période-là, les distances, les privilèges étaient beaucoup plus grands que dans un pays démocratique, où les inégalités jouent encore un rôle essentiel. Même dans un pays où les zones de pauvreté sont fortes, comme aux États-Unis.

C'était une société figée, presque divisée en castes, dominée par la *nomenklatura*, et où, en fin de compte, la classe ouvrière, les travailleurs jouaient un rôle plus infime que dans aucune autre dans le monde. C'est en URSS que la classe ouvrière jouait le rôle le moins important, où elle avait le moins à dire, où elle était réduite au silence et exploitée en vue de produire de la plus-value de façon inerte. Le bilan est globalement désastreux et négatif.

Et pourtant, un si horrible mécanisme, ce qu'Octavio Paz a appelé « cet abominable et admirable mystère du communisme », a produit des militants extraordinairement dévoués, généreux, solidaires ; a produit ce phénomène qui est peut-être de nature religieuse, un élan de fraternité et d'espérance.

Mais, s'agissant de vous, Jorge Semprun, de votre propre personnalité, pensez-vous que le passage à travers cette fournaise, vous aura plutôt grandi, élevé, cuirassé ?

C'est une expérience formatrice, il n'y a pas de doute. Il est difficile de m'imaginer privé de cette expérience-là. Bien sûr, les hasards de la biographie auraient pu m'éviter ce parcours, étant donné mes origines sociales et ma formation intellectuelle, culturelle. Mais elle a été. Claude Lefort, que j'estime beaucoup, qui a créé avec Castoriadis le groupe « Socialisme ou barbarie » – avant d'adopter ensuite des postions différentes – et publié des livres essentiels, a écrit, s'agissant des anciens communistes, qu'il ne faut pas être obsédé sur la date à laquelle ils ont rompu, parce qu'on peut rompre à des moments très différents et pour des raisons personnelles très diverses.

On peut tarder à rompre ou rompre tôt. Chaque individu, chaque génération a sa propre aventure, sa propre histoire avec le communisme. Ce qu'il faut examiner, c'est jusqu'où va la rupture, jusqu'où on est capable de se remettre en question. L'important n'est pas que je n'aie rompu que très tard, en 1964, mais jusqu'où j'ai rompu, et jusqu'où...

Vous pensez l'avoir fait radicalement ?

J'ai radicalement rompu, non sans préserver l'idée qui a fait que je suis devenu communiste à dix-huit ans : nous vivons dans des sociétés injustes, que l'on ne peut tolérer telles qu'elles étaient. Tout en sachant, étant donné l'expérience sanglante de ce siècle, qu'on ne peut pas dépasser l'horizon de la société d'économie de marché. Et qu'il faut donc supprimer des programmes communiste et social-démocrate l'idée que l'on peut éliminer et le marché et la propriété privée.

Mais il faut savoir aussi que le marché reproduit jour et nuit des mécanismes d'inégalité, des privilèges, des pôles de pouvoir économique d'exploitation et des monopoles. Il faut donc trouver une solution sociale, étatique – il vaut mieux qu'elle soit sociale que purement étatique – pour contrebalancer et pour lutter contre les mécanismes inévitables, nécessaires et néfastes, du marché.

Du point de vue personnel, la traversée de tous ces orages vous conduit à construire un projet de vie ?

Ce projet est inscrit dans la réalité. Il tient compte des circonstances : le bilinguisme est une certaine forme de schizophrénie. Continuer à jouer de cette schizophrénie, cette duplicité qui se confond avec ma vie, c'est-à-dire l'écriture et l'engagement au sens large. Ce ne peut plus être un engagement à travers un appareil de parti, ce ne peut plus être un engagement religieux.

Mais ce qui est clair, c'est qu'il n'y a pas de tour d'ivoire. S'il est nécessaire de temps en temps de s'y retirer pour écrire, il faut revenir dans la vie, dans la réalité. Il faut s'engager, poursuivre ce projet qui consiste à aller de l'un à l'autre, comme je vais de l'espagnol au français, de la politique à l'écriture, du cinéma à la politique...

Merci, homme double,
multiple, citoyen du monde.

TABLE

OUVRAGES DE JORGE SEMPRUN

LE GRAND VOYAGE, Gallimard, 1963.
LA GUERRE EST FINIE, Gallimard, 1966.
L'ÉVANOUISSEMENT, Gallimard, 1967.
LA DEUXIÈME MORT DE RAMON MERCADER, Gallimard, 1969 ;
    Folio, 1984.
LE *STAVISKY* D'ALAIN RESNAIS, Gallimard, 1974.
AUTOBIOGRAPHIE DE FEDERICO SANCHEZ, Seuil, 1978.
QUEL BEAU DIMANCHE, Grasset, 1980 ; Cahiers rouges, 2002.
L'ALGARABIE, Fayard, 1981.
MONTAND, LA VIE CONTINUE, Denoël, 1983 ; Folio, 1985.
LA MONTAGNE BLANCHE, Gallimard, 1986 ; Folio, 1988.
NETCHAÏEV EST DE RETOUR, Lattès, 1991.
FEDERICO SANCHEZ VOUS SALUE BIEN, Grasset, 1993.
L'ÉCRITURE OU LA VIE, Gallimard, 1994.
SE TAIRE EST IMPOSSIBLE, Mille et Une Nuits, 1995.
MAL ET MODERNITÉ, Climats, 1995.
LE RETOUR DE CAROLA NEHER, Gallimard, 1998.
ADIEU, VIVE CLARTÉ…, Gallimard, 1998.
LE MORT QU'IL FAUT, Gallimard, 2001 ; Folio, 2002.
LES SANDALES, Mercure de France, 2002.
VINGT ANS ET UN JOUR, Gallimard, 2004.
L'HOMME EUROPÉEN, Plon, 2005.
UNE TOMBE AU CREUX DES NUAGES. ESSAIS SUR L'EUROPE D'HIER
    ET D'AUJOURD'HUI, Climats, 2010.

Avec Denis Olivennes
OÙ VA LA GAUCHE ?, Flammarion, 2008.

OUVRAGES DE JEAN LACOUTURE

L'ÉGYPTE EN MOUVEMENT, *avec Simonne Lacouture*, Seuil, 1956.

LE MAROC À L'ÉPREUVE, *avec Simonne Lacouture*, Seuil, 1958.

CINQ HOMMES ET LA FRANCE, Seuil, 1961.

QUATRE HOMMES ET LEURS PEUPLES, Seuil, 1969.

VIETNAM : DE LA GUERRE FRANÇAISE À LA GUERRE AMÉRICAINE, *avec Philippe Devillers*, Seuil, 1969.

DE GAULLE, Seuil, 1969.

L'INDOCHINE VUE DE PÉKIN, *avec Norodom Sihanouk*, Seuil, 1972.

MALRAUX : UNE VIE DANS LE SIÈCLE, Seuil, 1973 ; « Points », n° P251, 1976. Prix Aujourd'hui, 1973.

LES ÉMIRATS MIRAGES, *avec Gabriel Dardaud et Simonne Lacouture*, Seuil, 1976.

VIETNAM : VOYAGE À TRAVERS UNE VICTOIRE, *avec Simonne Lacouture*, Seuil, 1976.

LÉON BLUM, Seuil, 1977.

SURVIVE, LE PEUPLE CAMBODGIEN, Seuil, 1978.

SIGNES DU TAUREAU : CHRONIQUES 1965-1978, Julliard, 1979.

LE RUGBY, C'EST UN MONDE, Seuil, 1979.

JULIE DE LESPINASSE : MOURIR D'AMOUR, *avec Marie-Christine d'Aragon*, Ramsay, 1980.

FRANÇOIS MAURIAC : 1. *Le Sondeur d'abîmes (1885-1933)*. 2. *Un citoyen du siècle (1933-1970)*, Seuil, 1980 ; « Points Essais », n°s 206 et 207, 1990. Bourse Goncourt de la biographie.

PIERRE MENDÈS FRANCE, Seuil, 1981.

EN PASSANT PAR LA FRANCE, *avec Simonne Lacouture*, Seuil, 1982.

PROFILS PERDUS, A.-M. Métailié, 1983.

1962. ALGÉRIE, LA GUERRE EST FINIE, Complexe, 1985.

DE GAULLE : 1. *Le Rebelle*, Seuil, 1984. 2. *Le Politique, 1954-1959*, Seuil, 1985. 3. *Le Souverain, 1959-1970*, Seuil, 1986.

DE GAULLE OU L'ÉTERNEL DÉFI, *avec Roland Mehl*, Seuil, 1988.

CHAMPOLLION. *Une vie de lumières*, Grasset, 1988.

ENQUÊTE SUR L'AUTEUR, Seuil, 1991.

JÉSUITES, Seuil, 1992.

LE CITOYEN MENDÈS FRANCE, *en collaboration avec Jean Daniel*, Seuil, 1992.

VOYOUS ET GENTLEMEN. *Une histoire du rugby*, Gallimard, 1993.

UNE ADOLESCENCE DU SIÈCLE : JACQUES RIVIÈRE ET LA NRF, Seuil, 1994 ; Gallimard, « Folio », 1998.

MON HÉROS ET NOS MONSTRES, Seuil, 1995.

L'HISTOIRE DE FRANCE EN 100 TABLEAUX, Hazan, 1996.

MONTAIGNE À CHEVAL, Seuil, 1998 ; « Points », n° P500, 1998.

MITTERRAND, UNE HISTOIRE DE FRANÇAIS, Seuil, 1998.

GRETA GARBO. *La dame aux caméras*, Liana Levi, 1999.

L'INVENTION DU GRAND LOUVRE, *avec I. M. Pei et Émile Biasini*, Odile Jacob, 2001.

LA RAISON DE L'AUTRE. *Montaigne, Montesquieu, Mauriac*, Confluences, 2002.

MONTESQUIEU. *Les vendanges de la liberté*, Seuil, 2003 ; « Points », n° P1348, 2005.

STENDHAL. *Le bonheur vagabond*, Seuil, 2004 ; « Points », n° P1349, 2005.

ALEXANDRE DUMAS À LA CONQUÊTE DE PARIS, Complexe, 2005.

MOLIÈRE ET LE ROI : *L'AFFAIRE TARTUFFE, avec François Rey*, Seuil, 2007.

LES GRANDS MOMENTS DE LA Vᵉ RÉPUBLIQUE. *50 ans en images*, Flammarion, 2007.

MALRAUX : ITINÉRAIRE D'UN DESTIN FLAMBOYANT. *Entretiens avec Karin Müller*, André Versailles, 2007.

LE MONDE EST MON MÉTIER, *avec Bernard Guetta*, Grasset, 2007.

L'ALGÉRIE ALGÉRIENNE. *Fin d'un empire, naissance d'une nation*, Gallimard, 2008.

LES IMPATIENTS DE L'HISTOIRE. *Grands journalistes français de Théophraste Renaudot à Jean Daniel*, Grasset, 2009.

*Mise en pages PCA
44400 Rezé*

*Cet ouvrage a été imprimé
par CPI Firmin-Didot
Mesnil-sur-l'Estrée
pour le compte des Éditions Grasset
en janvier 2012*

Dépôt légal : janvier 2012
N° d'édition : 17042 – N° d'impression :
Imprimé en France